アンソロジー

子どものための

# 少年詩集

2020

銀の鈴社

全国各地で少年詩を創作している詩人たちの応募作品の中から、「子どもにもわかる言葉で書かれた文学性の高い詩作品」を選定し発表しているアンソロジーです。
一九八四年から年刊「現代少年詩集」として二十年間継続してまいりました。二〇〇四年より「子どものための少年詩集」と改題し、新たな体制で少年詩のより一層の普及と質的向上をめざしています。

今期委員
池田雅之（英文学者・比較文学者・翻訳家。早稲田大学名誉教授）
内田麟太郎（詩人・童話作家・絵本作家。日本児童文学者協会理事長）
こやま峰子（詩人・児童文学作家）
なんばみちこ（詩人。童謡詩誌『とっくんこ』創設者）
藤沢 周（小説家・法政大学教授。第119回芥川賞受賞作家）
（五十音順）
西野真由美（銀の鈴社　代表取締役）
柴崎俊子（銀の鈴社　編集長）

子どものための少年詩集編集委員会

# 目次

表紙画・カット　よしだ ちなつ

# 子どものための少年詩集

2020

# ぼくの小鳥《ことり》はどこへ行《い》った

相川　修一

小鳥《ことり》よ小鳥《ことり》
ぼくの小鳥《ことり》よ　どこへ行《い》った

風《かぜ》のピアノに聞《き》いたらば
ソシラド　ソシラド
そ知《し》らぬそぶり

道《みち》のススキにたずねたら
ソヨソヨ　ソヨソヨ
よそよそしい

川《かわ》の堤《つつみ》に上《のぼ》ったら
あかね色《いろ》の千切《ちぎ》れ雲《ぐも》
赤城山《あかぎ》の方《ほう》へ飛《と》んで行《い》った

小鳥《ことり》よ小鳥《ことり》
ぼくの小鳥《ことり》よ　どこへ行《い》った

詩人名（読み仮名）
あいかわしゅういち

# そっと、いつの日《ひ》も。

赤川　のりこ

ぼくは、木《き》になりたい。こんなことを話《はな》したら、君《きみ》に笑《わら》われるかもしれないけれど、ぼくは木《き》になりたいんだ。はれの日《ひ》には、風《かぜ》を吹《ふ》かせ汗《あせ》ばんだぼくらを、気持《きも》ちよく包《つつ》んでくれたから。雨《あめ》の日《ひ》には、大《おお》きな傘《かさ》のように葉《は》を広《ひろ》げて雨《あめ》が過《す》ぎるまで、一緒《いっしょ》に過《す》ごしてくれたから。ぼくは木《き》になりたいんだ。遊《あそ》び疲《つか》れたぼくらは、その幹《みき》によりかかり、いつまでも夢《ゆめ》を語《かた》り合《あ》ったね。ぼくは木《き》になりたいんだ。遠《とお》くに出《で》かけた日《ひ》は、背《せ》の高《たか》いその木《き》を目印《めじるし》にぼくらは迷《まよ》わず帰《かえ》ってこられたね。ぼくはあの木《き》のことを、何《なん》のヘンテツもないただの木《き》だと思《おも》っていたんだ。動《うご》く事《こと》も、きれいな花《はな》を咲《さ》かせることも、おいしい木《き》の実《み》を実《みの》らせることだってないのだから。もしぼくが、いつかあの木《き》のようになれたとしたら、ぼくは君《きみ》を見守《みまも》っていたいんだ。君《きみ》に気《き》がつかれないほどに、そっと、いつの日《ひ》も。あの木《き》がぼくらにしてくれたように。

あかがわのりこ

# おさかなの　ぎもん

秋月　夕香

おさかなは　泳《およ》ぎながら考《かんが》える
ぼくの目《め》は
どうして横《よこ》にあるのだろう
真正面《ましょうめん》はみえない

ぼくはどうして
水《すい》そうの中《なか》にいるの？

おっとっとっと
考《かんが》えても　どうしても分《わ》からない
水《すい》そうの中《なか》でしょうとつしそうだ

泳《およ》ぐのは　ぼくの生《い》きがい

君《きみ》の心臓《しんぞう》が動《うご》くのと同《おな》じ
水《すい》そうを　見《み》ている君《きみ》
笑《わら》わないで

ぼくのＤＮＡ《ディーエヌエー》は
君《きみ》の体《からだ》にも　残《のこ》されている
それは人間《にんげん》の　遠《とお》い記憶《きおく》なんだ

あきづきゆうか

# ないしょ

あさお　みほ

ないしょ
だれにも　ないしょ
いじわるされて
泣《な》いたこと

ないしょ
だれにも　ないしょ
学校《がっこう》いやで
しんどいこと

ないしょ
だれにも　ないしょ
だれにもいえず

---

ひみつがとっても
苦《くる》しくて　息《いき》ができない

あさおみほ

# コスモス

浅田　真知

コスモス
コスモス
うすべに色《いろ》の
花《はな》びら　ふるえて
秋風《あきかぜ》と　お話《はなし》しながら
さやさや　さやさや
ゆれてる　コスモス

コスモス
コスモス
今年《ことし》も　コスモス
うすべに色《いろ》に
秋風《あきかぜ》そめて

待《ま》ってた季節《きせつ》が　うれしくて
さやさや　はしゃいで
ゆれてる　コスモス

コスモス
コスモス
コスモスが
今年《ことし》も秋《あき》を　そよがせる

あさだまち

# しんぱい　東　輝子

なにもかも白《しろ》く見《み》える朝《あさ》はやく
しょくぱんをかいにいく
いろんなおうちで
朝《あさ》ごはんをよういしている
あるいていても私《わたし》のあたまの
なかはふあんでいっぱい
おとうさんとふたりぐらしで
おかあさんはびょうきで
にゅういんしてるから
なにもかもいえのこと
してくれてるおとうさん
びょうきにならないかしんぱい
すると「チュンチュン」と

ことりさんがはげましてくれた
うん　わたしがんばるよ

あずまてるこ

# そんなあなたに　あべ　こうぞう

あなたを思《おも》うと
心《こころ》が和《なご》みます

あなたの声《こえ》を聞《き》くと
元気《げんき》が出《で》ます

あなたに会《あ》うと
心《こころ》が豊《ゆた》かになります

そんなあなたがいるだけで
幸《しあわ》せな気持《きも》ちになります

だからまた
あなたのことを思《おも》い
会《あ》いたくなるのです
そんなあなたでいて欲《ほ》しい
いつまでも

私《わたし》もなりたい
そんなあなたに

あべこうぞう

# 東雲色《しののめいろ》　あべ　みちこ

なみだがそろそろ　かれるころ
空《そら》は静《しず》かに　明《あ》けてきた
朝《あさ》の光《ひかり》は　東雲色《しののめいろ》
きょうの一番《いちばん》　最初《さいしょ》の色《いろ》

光《ひかり》がゆっくり　満《み》ちてきて
町《まち》もゆっくり　目《め》をさます
東《ひがし》の空《そら》は　東雲色《しののめいろ》
わたしのこころを　つつむ色《いろ》

ぐんと背《せ》すじを　のばしたら
りんと勇気《ゆうき》が　わいてくる
夜《よる》は終《お》わって　東雲色《しののめいろ》

きょうをおうえん　してくれる色《いろ》

あべみちこ

# 子《こ》どもの夢《ゆめ》を育《そだ》てる夢《ゆめ》

網野　秋

両腕《りょううで》を上下《じょうげ》にパタパタさせれば
鳥《とり》になれた　夢《ゆめ》いっぱいの幼《おさな》き日《ひ》
両足《りょうあし》で地面《じめん》を蹴《け》って
ジャンプすれば
ロケットにもなれた幼《おさな》き日《ひ》
脳《のう》みそを少《すこ》し動《うご》かしさえすれば
空想《くうそう》が広《ひろ》がり　おとぎ話《ばなし》の
王子様《おうじさま》にもなれた幼《おさな》き日《ひ》
なんにでもなれた　幼《おさな》き日《ひ》

しかし、大人《おとな》になった今《いま》は……
「あーあ」……でもね、でもね！
鳥《とり》になれなくなったぼくだけど

---

それでも懸命《けんめい》に両腕《りょううで》を動《うご》かしてる
ロケットになれなくたって
がんばって地面《じめん》をふんで進《すす》んでる
王子様《おうじさま》にはなれなくても
それでも必死《ひっし》に
脳《のう》みそを動《うご》かしてる
そうして生《い》きてる　働《はたら》いてる
幼《おさな》い娘《むすめ》を守《まも》るために
娘《むすめ》になんにでもなれる日々《ひび》を
送《おく》らせてあげるために

美《うつく》しい夢《ゆめ》を持《も》つ娘《むすめ》を育《そだ》てること——
それが今の　ぼくの　ゆ　め

あみのあき

# 地球《ちきゅう》の魚《さかな》　イイジマ　ヨシオ

とおい町《まち》の　海《うみ》の庭《にわ》
誰《だれ》も　行《い》くことのできない
砂漠《さばく》のような　海《うみ》のなか
いちめんに
赤《あか》　黄《き》　緑《みどり》に　光《ひか》るのは
海月《くらげ》

人《ひと》たちは
海《うみ》の底《そこ》の　石《いし》ころや
天上《てんじょう》に　上《のぼ》る　酸素《さんそ》の泡《あわ》
降《ふ》ってくる　星《ほし》たちで
遊《あそ》んでいる　魚《さかな》のことを
きっと　知《し》らないだろう

ここに　集《あつ》まるものたちは
光《ひかり》を　感《かん》じられないもの
尾《お》ビレのないもの
不安《ふあん》で　しかたなくなると
動《うご》けなくなってしまうもの
みんな　抱《かか》えているものが
辛《つら》いのだ

海《うみ》
お月《つき》さま
光《ひか》る　海月《くらげ》
それぞれの　ひとつのしずく

いいじまよしお

# 生《い》きる

石谷　陽子

生《い》きるとは
水《みず》をのむこと
食《た》べられるものを食《た》べ
ぐっすりと眠《ねむ》ること

たった三《みっ》つのことなのに
どんな生《い》き物《もの》にとっても
かなり大変《たいへん》だ

ジャングルを失《うしな》ったゴリラ
日照《ひで》りの池《いけ》の　おたまじゃくし
捨《す》てられ捕《とら》えられた　犬《いぬ》や猫《ねこ》

耐《た》えしのぶしかない彼《かれ》らと違《ちが》い
人間《にんげん》は　まだ幸運《こううん》だ

悩《なや》みごとを語《かた》り
助《たす》けを求《もと》めることができる
ひどい状況《じょうきょう》からぬけ出《だ》し
新《あたら》しい場所《ばしょ》を探《さが》すこともできる

森《もり》の出現《しゅつげん》を　夢見《ゆめみ》
恵《めぐ》みの雨《あめ》を待《ま》ち続《つづ》ける彼《かれ》らと共《とも》に
生《い》きのびる手段《しゅだん》を　見《み》つけよう

生《い》きるとは　そういうことだ

いしがいようこ

# 父親《ちちおや》

いしざき　かつこ

パパを父《とう》さんと呼《よ》んでみた
少《すこ》し照《て》れくさかったけど
父《とう》さん　父《とう》さん　父《とう》さん
心《こころ》の中《なか》で練習《れんしゅう》
「父《とう》さん　今度《こんど》の日曜日《にちようび》
　キャッチボールやろうよ。」
小学六年生《しょうがくろくねんせい》の夏《なつ》
ぼくの大好《だいす》きな父親《ちちおや》だから

父《とう》さんをジジィと呼《よ》んじゃった
なぜか最近《さいきん》　反抗期《はんこうき》
ジジィ　ジジィ　クソジジィ
心《こころ》の中《なか》で毒《どく》づく

追《お》い抜《ぬ》いた身長《しんちょう》　声《こえ》がわり
中学三年生《ちゅうがくさんねんせい》の夏《なつ》
ぼくの大好《だいす》きな父親《ちちおや》なのに

父《とう》さんをオヤジと呼《よ》んでみた
晩酌《ばんしゃく》のピッチがあがってる
オヤジ　オヤジ　オヤジ
心《こころ》の中《なか》で感謝《かんしゃ》
オヤジ　これからもよろしくな
高校三年生《こうこうさんねんせい》の夏《なつ》
ぼくの大好《だいす》きな父親《ちちおや》だもの
　ぼくの父《とう》さん　ぼくのオヤジ
ぼくの尊敬《そんけい》する　父親《ちちおや》

いしざきかつこ

# 滝《たき》

板倉　洋子

少年《しょうねん》が　道《みち》を分《わ》けいって行《い》く
滝《たき》が　あるのだ
滝《たき》の音《おと》は　だんだん大《おお》きくなる
――しぶきが　上《あ》がる
　顔《かお》に　ささる

少年《しょうねん》は　このさきにある
滝《たき》を　めざしている
水《みず》の音《おと》が　聞《き》こえる
滝《たき》は　まだ見《み》えない

いたくらようこ

# らっかせい　いちかわ　ゆう

ひとりぼっちを
　からかわれ
――いつもは
　　ちがう
　　　って
とっさにいいかえした
　　けれど
でんしゃにのれば
　きみがいて
ポケットから
　ピーナッツ
わたしのてに
　にぎらせてくれる

――らっかせいには
　くらやみが
　　ひつよう
とかいって
いつもひとりでいる
　　きみは
だれよりひとと
　　つながって
そこいらじゅうの
　つちのなかから
おどけたかおを
　のぞかせる

いちかわゆう

# オニ　伊東　智康

明《あか》るい日和《ひより》
今日《きょう》は節分《せつぶん》

窓開《まどあ》けて　窓開《まどあ》けて
豆《まめ》まいて　豆《まめ》まいて
悪《わる》い鬼《おに》を
追《お》っぱらう

豆《まめ》まいて　豆《まめ》まいて
逃《に》げて行《い》く
悪《わる》い鬼《おに》
小《ちい》さくなってく
その背中《せなか》

---

風花《かざはな》が舞《ま》う
風花《かざはな》が舞《ま》う

何《なん》だか　わたし
何《なん》だか　わたし…

「オニサンコチラ、
テノナルホウヘ…」

いとうともやす

# 住《す》まう　糸永　えつこ

一年《いちねん》が
季節《きせつ》という言葉《ことば》で変化《へんか》する国《くに》
春《はる》…やわらかな光《ひかり》
　何《なん》でもやれそうな気分《きぶん》
夏《なつ》…つきささる太陽《たいよう》
　向《む》かっていく強《つよ》さ
秋《あき》…淋《さび》しい風《かぜ》
　ぬくもりの心地《ここち》よさ
冬《ふゆ》…時《とき》を止《と》める寒《さむ》さ
　やがてくる春《はる》を信《しん》じて疑《うたが》わ
　ない
地球儀《ちきゅうぎ》の上《うえ》では

いつ海《うみ》の色《いろ》にぬり替《か》えられても
気付《きづ》かれないような国《くに》
そこに住《す》み
季節《きせつ》とともに季節《きせつ》をくり返《かえ》す
はるかな何《なに》かを求《もと》めながら

いとながえつこ

# ぽかぽか陽気《ようき》

井上　和子

うれしいね
三月半《さんがつなか》ばの
ぽかぽか陽気《ようき》
ましてや今日《きょう》は　日曜日《にちようび》
めったにない時間《とき》　大切《たいせつ》に
わくわくするね　何《なに》しよう

うれしいね
草《くさ》とりおさんぽ
お花《はな》の手入《てい》れ
みんな楽《たの》しい　ひとときよ
あふれる夢《ゆめ》を　抱《だ》きしめて
ぽかぽか陽気《ようき》　浴《あ》びましょう

うれしいね
ウグイス鳴《な》いてる
蝶々《ちょうちょ》はひらり
あらもう春《はる》ねと　はしゃいでる
わたしも上着《うわぎ》　ぬぎすてて
かるーく一歩《いっぽ》　前《まえ》に出《で》よ

いのうえかずこ

# 立春《りっしゅん》

井上　良子

立春大吉《りっしゅんだいきち》
丘《おか》の上《うえ》で
春一番目《はるいちばんめ》の太陽《たいよう》をみおくった　少年《しょうねん》と
バケツたたきながら
空《そら》に　明星《みょうじょう》
春《はる》だよ

いのうえよしこ

## 公園《こうえん》で　いのまた　みちこ

公園《こうえん》の芝生広場《しばふひろば》を
かけまわる　かけまわる
そして　大《だい》の字《じ》になってねころぶ

冬《ふゆ》の日《ひ》ざしが　暖《あたた》かく
晴《は》れわたる　青空《あおぞら》
背《せ》なかに　大地《だいち》の鼓動《こどう》

「いい感《かん》じがする」と
ぼくは　声《こえ》を放《はな》つ
しばらく　マグネット

バネのように　身体《からだ》がはじけ
また　かけまわる　かけまわる
かけまわる

そんなぼくを
パパは　遠《とお》くから
見守《みまも》っていてくれる

いのまたみちこ

# 倖子《ゆきこ》のように　うめさわ　かよこ

兄猫《あにねこ》きよしに　育《そだ》てられた倖子《ゆきこ》
おいたのマネをしては
怒《おこ》られた倖子《ゆきこ》
晩年《ばんねん》　胸《むね》に大《おお》きなしこりができ
おむつで　ハイハイ
家族《かぞく》のために長生《ながい》きし
かわいがってくれた伯父《おじ》の
朗《あきら》さんの退院《たいいん》を　出迎《でむか》え
倖子《ゆきこ》のバースデイに
カクッと心臓《しんぞう》が止《と》まり　天使《てんし》に
母曰《ははいわ》く　倖子《ゆきこ》のように逝《ゆ》きたい

うめさわかよこ

# かくれんぼ　うめざわ　ちえこ

「もうーいいかい？」
「まあーだだよ」
「もうーいいかい？」
ちいさなこえで「まあーだだよ」
「もうーいいかい？」
へんじが　かえってこない
ぼくは　がまんできず
そおっと
こえのほうへちかづいていった

ともちゃんは
くさはらにねそべって
チョウのだっぴをみていた
「しいっ　あともうすこしで
　チョウになるんや」
おおきなはっぱのかげで
チョウもかくれんぼしながら
だいへんしん!!
「もういいよ
　でておいで」

うめざわちえこ

# 嘘《うそ》の種《たね》

梅原　ひとみ

子《こ》どもをね
裏切《うらぎ》っちゃいけないの
嘘《うそ》の種《たね》
心《こころ》に植《う》えるから
人《ひと》を信《しん》じられなくて
大人《おとな》になれないの
嘘《うそ》の種《たね》が
花開《はなひら》くから

うめはらひとみ

# ぼくのかげぼうし

大川　純世

かげぼうしは　忍者《にんじゃ》のようだ
光《ひかり》の中《なか》に　パッとあらわれ
かげの中《なか》では　パッときえる
ぼくそっくりの形《かたち》をして
こっそりと　後《あと》をつけてくる

忍者《にんじゃ》は
暗《くら》やみが好《す》き
ぼくのかげぼうしは
明《あか》るい光《ひかり》が好《す》き
ぼくのゆるしなしで
大《おお》きくのびたり
小《ちい》さくちぢんだりする

---

その態度《たいど》は　何《なん》だ！
あっちへ行《い》け
何《なに》か言《い》ってみろ……答《こた》えない

でもぼくのかげぼうしは
一《ひと》つだけ　ぼくに教《おし》えてくれた
ぼくが生《い》きていることを
かげぼうしよ
いつまでもついてこい
ぼくの道《みち》を　いっしょに歩《ある》こう

おおかわすみよ

# 失言《しつげん》

大楠　翠

言葉《ことば》を発《はっ》した直後《ちょくご》
すべて消《き》えてなくなればよい
と思《おも》う時《とき》がある

放《はな》った言葉《ことば》はもちろん
カッと見開《みひら》いた相手《あいて》の瞳孔《どうこう》も
それに気《き》づいて取《と》り繕《つくろ》うべく
おろおろ言葉《ことば》を探《さが》す
死《し》に物狂《ものぐる》いの自分《じぶん》も
その場《ば》に居合《いあ》わせた人《ひと》も
気《き》まずい空気《くうき》も

なにもかも

# 畑《はたけ》に落《お》ちてた人形《にんぎょう》

おおくま　よしかず

小学一年《しょうがくいちねん》　戦争《せんそう》が終《お》わった
食《た》べ物《もの》が少《すく》なく
絵本《えほん》もおもちゃもなく
どの子《こ》も　日《ひ》がくれるまで
外《そと》で遊《あそ》んでいた

ある日《ひ》の午後《ごご》　ばくはつ音《おん》

あるお父《とう》さんが　つとめの帰《かえ》り
畑《はたけ》に人形《にんぎょう》が落《お》ちてたのを見《み》た
子《こ》どもを喜《よろこ》ばせようと
拾《ひろ》ってきた

その人形《にんぎょう》は　いじると
ばくはつする　人形《にんぎょう》ばくだん
気《き》の毒《どく》な　お父《とう》さん
かわいそうな　子《こ》ども

子《こ》どもは戦争《せんそう》を　しないのに
子《こ》どもは戦争《せんそう》が　きらいなのに

亡《な》くなった　子《こ》どもを思《おも》うと
「天国《てんごく》で一番《いちばん》　幸《しあわ》せで
ありますように」と、祈《いの》らずには
いられません
　八十三歳《はちじゅうさんさい》の今《いま》も

おおくまよしかず

# 秋《あき》の風《かぜ》

太田　甲子太郎

秋《あき》になると　風《かぜ》もたいへん
あとかたづけや
支度《したく》に　大《おお》わらわ

入道雲《にゅうどうぐも》を
空《そら》のどこかにしまって
西《にし》からいわし雲《ぐも》を　よんできて

セミを　土《つち》の中《なか》に眠《ねむ》らせて
葉《は》っぱのかげから
赤《あか》トンボを　そーっとおこして
風鈴《ふうりん》を　箱《はこ》にかたづけて

そのかわりコオロギを　鳴《な》かせて

半袖《はんそで》シャツを
洋服《ようふく》ダンスにしまって
長袖《ながそで》シャツに
アイロンを　かけて

それから　秋《あき》の風《かぜ》は
まだ　わすれものが
ないかと
街角《まちかど》を　いそがしそうに
駆《か》けまわっている

おおたかしたろう

# 剥製《はくせい》

大八木　敦彦

君《きみ》は生《い》きた死体《したい》だ
透明《とうめい》なガラスの棺《ひつぎ》の中《なか》で
目《め》を見開《みひら》き
耳《みみ》をそばだて
一瞬《いっしゅん》の姿勢《しせい》を静止《せいし》させて……
珍《めずら》しげに歩《あゆ》み寄《よ》り見《み》つめる人《ひと》や
ちらと見《み》ただけで
通《とお》り過《す》ぎて行《ゆ》く人《ひと》たちの
その向《む》こう――
どこかはるかかなたにいる獲物《えもの》を
息《いき》をひそめて　ねらっている
閉《と》じることのない　その瞳《ひとみ》を

真夜中《まよなか》　窓《まど》から忍《しの》びこむ
月《つき》の光《ひかり》が冷《つめ》たく照《て》らす

おおやぎあつひこ

# ぼくは　こころが

岡田　喜代子

おじいちゃん
ぼくは　こころが　かゆいんだ

桜《さくら》の花《はな》は　まだ　つぼみだけど
枝《えだ》の先《さき》は　青《あお》い空《そら》だよ
ひこうきが　シラスみたいに
およいでゆくよ

おじいちゃん
きのう　天国《てんごく》にいっちゃった
おばあちゃんは　泣《な》いている
おとうさんも　泣《な》いている

ぼくは　こころが　かゆいんだ
桜《さくら》の枝《えだ》で　かいてほしいんだ

かいてもらったら
涙《なみだ》が出《で》てくるかな
おじいちゃん

おかだきよこ

## 草深《くさぶか》い土手《どて》

おかの　そら

さわやかに　草《くさ》むらを歩《ある》く
シュルシュル　シュールシュル
流《なが》れるような　不思議《ふしぎ》な旋律《せんりつ》
取《と》り憑《つ》かれたような　足運《あしはこ》びで
川沿《かわぞ》いの　なだらかな土手《どて》を行《い》く

突然《とつぜん》　足《あし》が止《と》まった！
驚《おどろ》きの瞬間《しゅんかん》！　時間《じかん》が止《と》まった！
スーと　目《め》の前《まえ》に現《あらわ》れたのは
垂直《すいちょく》に立《た》つ　若草色《わかくさいろ》のものさしか
楽《たの》しそうな　その滑稽《こっけい》な姿《すがた》は
私《わたし》を見《み》るなり　すばやく隠《かく》れた
一瞬《いっしゅん》の出会《であ》いだ！

どんな顔《かお》をしていたろう
大嫌《だいきら》いなはずなのに　君《きみ》に驚《おどろ》いて
君《きみ》をかわいいと思《おも》ってしまった

君《きみ》は草《くさ》むらの中《なか》でじっとしている
私《わたし》はそっと歩《ある》いては　つぶやいた
――仲間《なかま》だと思《おも》ったの　ヘビくん
――驚《おどろ》かせてごめん　ヘビくん
――一緒《いっしょ》に行《い》こうか　ヘビくん
シュルシュル　シュールシュル
ささやくような　喜《よろこ》びの旋律《せんりつ》
さわやかに　草《くさ》むらを行《い》く

# 春《はる》の声《こえ》

小川　恵子

いつのまにか涙《なみだ》が涸《か》れた
闇《やみ》を抜《ぬ》けて
まぶしい光《ひかり》の音色《ねいろ》が聞《き》こえた
ウフフ
エヘヘ
ワッハッハ

香《かお》り立《た》つ若葉《わかば》の息吹《いぶき》
それは産《う》まれた時《とき》からの
忘《わす》れかけていた宝《たから》もの
明《あか》るくて
あったかい

心《こころ》の春《はる》が
そっと　ささやいた
いつも
そばに
いるよ

ほんわかした言《こと》の葉《は》に
うれし涙《なみだ》が　こぼれた

おがわけいこ

# ひもの

奥原　弘美

物干《ものほ》しざおで
シーツのひらきが
すっかりかわいている
すそに
いじっぱりな
丸干《まるぼ》しを
つけたまま

おくはらひろみ

# 春《はる》の空《そら》

小沢　千恵

もこもことした　雲《くも》の大群《たいぐん》
その後《うし》ろから
空《そら》に　ゾウのむれ
赤《あか》ちゃん雲《ぐも》を　つれているように
のんびり　ゆったり　もこもこと

雲《くも》と雲《くも》のあいだに
ぽっかり見《み》える　小《ちい》さな穴《あな》は
空《そら》の中《なか》の　おとし穴《あな》？

高《たか》い雲《くも》の上《うえ》で　遊《あそ》んでる
春風《はるかぜ》の子《こ》どもが　足《あし》をすべらせて
落《お》ちてくるんじゃないかしら

見《み》ている　わたしは
胸《むね》が　ドキドキ

でも　だいじょうぶ！
わたしが　両手《りょうて》で
受《う》け止《と》めて　あげるから

そうしたら
一《いち》めんに　花《はな》が咲《さ》く
春《はる》の　野原《のはら》に
なるでしょう

おざわちえ

# 拍手《はくしゅ》

折原　みか子

昇降口《しょうこうぐち》から
卒業式《そつぎょうしき》を終《お》えた児童《じどう》が
はにかみながら
一人出《ひとりで》てくる
校庭《こうてい》で待《ま》ち受《う》けていた
先生方《せんせいがた》の拍手《はくしゅ》が起《お》こる

例年《れいねん》なら
在校生《ざいこうせい》も並《なら》んでいただろうに
新型《しんがた》コロナの感染予防《かんせんよぼう》で
先生方《せんせいがた》のみの拍手《はくしゅ》
間《あいだ》をあけてまた一人出《ひとりで》てくる
拍手《はくしゅ》が続《つづ》く

---

通《とお》りすがりの
おばあさんも
心《こころ》の中《なか》で精一杯《せいいっぱい》
拍手《はくしゅ》をしたよ

いつもより早《はや》く
満開《まんかい》になった桜《さくら》の木《き》で
ウグイスがしきりに
鳴《な》いている

おりはらみかこ

# ばんそうこう　かじ　ひとみ

うつむいて
歩《ある》いていたら
アスファルトにばんそうこう
たぶん偶然落《ぐうぜんお》ちただけ
でもきれいな形《かたち》がそのままで
誰《だれ》かがそっと
貼《は》ったみたいで

妖精《ようせい》の
仕業《しわざ》かな
地面《じめん》の傷口《きずぐち》ふさいでる
ほかの誰《だれ》かは
気《き》づくかな

夕暮《ゆうぐ》れ時《どき》のばんそうこう
妖精《ようせい》は
どこかへ帰《かえ》り
ぼくは今晩夢《こんばんゆめ》をみる

ばんそうこうを
貼《は》った地球《ちきゅう》が
今日《きょう》もゆっくり
一回転《いっかいてん》

かじひとみ

# ゆるゆると

柏木　恵美子

「お城《しろ》の
堀《ほり》の鯉《こい》を見《み》たい」
という　おばあちゃんのために
父《とう》さんが
車《くるま》いすを借《か》りてきた

「車《くるま》いすくらい　自分《じぶん》で
用意《ようい》しておきなさい」
父《とう》さんに　叱《しか》られている
おばあちゃん
「そのうち　ゆるゆるとね」
おばあちゃんは　すまし顔《がお》

「あれ？　そう云《い》えば
紫川《むらさきがわ》に
蝶《ちょう》やトンボが飛《と》んでいる姿《すがた》
去年《きょねん》は見《み》かけなかったけど
日本《にほん》から　蝶《ちょう》もトンボも
いなくなったら困《こま》るわ　わたし」

「それとも　こうして
ゆるゆると生《い》きている　わたしが
蝶《ちょう》にも　トンボにも
出会《であ》えなかっただけなのかしら?」
首《くび》をかしげている
おばあちゃん

かしわぎえみこ

# 山《やま》と雲《くも》との対話《たいわ》

柏木　隆雄

山《やま》は動《うご》かない
幾千年《いくせんねん》の昔《むかし》から
私《わたし》の故郷《ふるさと》を見守《みまも》ってきた
心《こころ》の奥深《おくふか》く
いつも何《なに》かを考《かんが》えている
千年《せんねん》も昔《むかし》のことを聞《き》いてみたい
山《やま》とお話《はなし》してみたい

雲《くも》は流《なが》れて
高《たか》い空《そら》の上《うえ》から
私《わたし》の故郷《ふるさと》を眺《なが》めてきた

長《なが》い歴史《れきし》の中《なか》で
人々《ひとびと》はどう暮《く》らしてきたか
あの段々畑《だんだんばたけ》のことも聞《き》いてみたい
雲《くも》とお話《はなし》してみたい

雲《くも》が低《ひく》く立《た》ちこめ
山《やま》のてっぺんにかかるとき
山《やま》と雲《くも》は　きっと何《なに》かを話《はな》してる
何《なん》の話《はなし》か聞《き》いてみたい

かしわぎたかお

# レントゲン撮影《さつえい》

かとう　えりこ

「大《おお》きく息《いき》を吸《す》って
　　とめてー」

さあ　撮《と》ってみろ
撮《と》ってみろ
ボクの胸《むね》の内《うち》を撮《と》ってみろ

せつなさや
不安《ふあん》　憤《いきどお》り
どうしようもないやるせなさが
おまえにわかるのか
おまえはどううつす

さあ　撮《と》ってみろ
撮《と》ってみろ
ボクはぐっと宙《ちゅう》をにらんだ

かとうえりこ

# ふきのとう　神内　八重

地球《ちきゅう》を割《わ》って
ふきのとうが出《で》てきた

あまい味《あじ》も
すっぱい味《あじ》も
地面《じめん》の下《した》にのこして
ふきのとうが出《で》てきた

ほろにがさだけを
だきしめて
ふきのとうが出《で》てきた
地上《ちじょう》へ出《で》てきたふきのとう

---

まぶしいなあ
と　つぶやきながら
笑顔《えがお》になっていた

かみうちやえ

# おじいさんとスズメたち

かみや　じゅんこ

一人《ひとり》ぐらしの　おじいさん
村《むら》で　米屋《こめや》をしてました
お店《みせ》の二階《にかい》の　軒先《のきさき》に
スズメが　すんでおりました

朝《あさ》がきて　表戸《おもてど》あいた店《みせ》の中《なか》
一番《いちばん》に入《はい》るのは　スズメたち
おちたお米《こめ》の　そうじやさん
みるみる　床《ゆか》はピカピカに

お休《やす》みで　表戸《おもてど》とじた店《みせ》の前《まえ》
小《ちい》さくつまれた　お米《こめ》の山《やま》
みんなでなかよく　めしあがれ

おじいさんからの　お礼《れい》です
米屋《こめや》の　おじいさんとスズメたち
今日《きょう》も一日《いちにち》　元気《げんき》です

かみやじゅんこ

# 満月《まんげつ》　かも　てるこ

雲《くも》ひとつない　空《そら》を
ひとりじめして
まんまるい顔《かお》

いつも
だいじょうぶだよ　と　いう
かあさんの
笑顔《えがお》も　まんまるい

凍《い》てつくような
寒《さむ》い風《かぜ》が　吹《ふ》いてくるのに
こんやも

空《そら》の上《うえ》で
まんまるい　月《つき》が
笑《わら》っている

かもてるこ

# たすけて　川島　もと子

空《そら》はどこまでもまっ青《さお》で
とんびはあんなに高《たか》く飛《と》んでいく

きっと私《わたし》はありんこより小《ちい》さい
砂《すな》つぶより小《ちい》さい
でもこの空《そら》いっぱいに涙《なみだ》がにじむ

だれか　たすけて

ふくらんだ涙《なみだ》のたまが
ぽとりと草《くさ》の葉《は》に落《お》ちる
葉《は》っぱの向《む》こうも光《ひか》る涙《なみだ》
いいえ

---

小《ちい》さな水《みず》たまり

かすかにゆれる水面《みなも》に
ありんこが一《いっ》ぴき
どんなにもがいても
沈《しず》んでしまいそう

思《おも》わずのばした指先《ゆびさき》に
しがみつく　ありんこ

がんばって
だいじょうぶ
たすけてあげるから

かわしまもとこ

# こだま

神田　亮

小《ちい》さな天使《てんし》は翼《つばさ》を拡《ひろ》げた
両方《りょうほう》の手《て》をいっぱいにひろげ
ひと足《あし》　ひと足《あし》　……
バランスをとりながら
飛《と》び上《あ》がりそうに歩《ある》きはじめる

さっきまで
床《ゆか》の木目《もくめ》の波《なみ》の上《うえ》を
泳《およ》いでいたのに
ひと足《あし》　ひと足《あし》　……
未来《みらい》が近《ちか》づいてくる
天使《てんし》は叫《さけ》んだ

明《あか》るいこだまが返《かえ》ってくる
もう一度《いちどよ》呼びかける
…………
わたしたちは　今《いま》
さわやかなこだまを
返《かえ》してあげられるだろうか

かんだりょう

恋《こい》する兎《うさぎ》　北川　風

胸《むね》の内《うち》に
人知《ひとし》れず

うさぎ　うさぎ
何《なに》見《み》て跳《は》ねる

きたがわかぜ

# 温石《おんじゃく》で体《からだ》を温《あたた》めて

北野　千賀

江戸《えど》時代《じだい》には　すでに
寒《さむ》い冬《ふゆ》の日《ひ》には
カイロのような物《もの》があった
名《な》は温石《おんじゃく》

積木《つみき》くらいの四角《しかく》い石《いし》
火鉢《ひばち》の中《なか》で石《いし》を温《あたた》め
布《ぬの》にくるんで使《つか》っていたらしい

温《あたた》かさは半日《はんにち》ほど保《たも》たれて
寒《さむ》さをしのいでいた

江戸《えど》の大通《おおどお》りを
荷車《にぐるま》を押《お》して通《とお》る人足達《にんそくたち》も
温石《おんじゃく》で体《からだ》を温《あたた》めて
元気《げんき》に働《はたら》いていたのか
その姿《すがた》を想《おも》ってみる

※人足《にんそく》　簡単《かんたん》な力仕事《ちからしごと》をする労働者《ろうどうしゃ》

きたのちか

# かげ　木下　祥子

ゆうひを　せなかに
ママとあるいた
足《あし》のさきには
ながーい大《おお》きなかげ
ふたつ
ママのかげは　きょじん
わたしのかげも　大《おお》きい
けれど
やっぱり　ママのはんぶん
ママが
わたしのかげをふんだ
じぶんのかげというだけで
いたいような

くすぐったいような
へんなきぶん
エイ
ママのかげを　ふんだ
ママが
キャーといってにげた
かげもにげた

きのしたしょうこ

# サルのおしばい

楠木　しげお

おれたちサルの　おしばいは
親方《おやかた》さんに
根気《こんき》づよく　しこまれた
せいいっぱいの　がんばりなんだ

なにぶん　サルだから
せりふはなくて
やっとおぼえた　しぐさを
首《くび》につけられたひもの合図《あいず》で
順《じゅん》に　やっていくんだよ

お客《きゃく》さんが
ドッとわらってくれても

おれたちには　自分《じぶん》の
しぐさの意味《いみ》がわからないんだ
だから
キョトンとしてるだろ

でも　どんどんわらってね
お客《きゃく》さんがわらってくれると
親方《おやかた》さんのきげんがいいんだ
おれたちは　あとで
ごちそうがもらえるよ

くすのきしげお

# ひなたぼっこ

久保　恵子

かぜは　まだ　すこし
つめたいけれど
ひなたにいるのが　うれしい

きょうは　ひさしぶりに
とても明《あか》るいひかりに
みちあふれている
立春《りっしゅん》をすぎて　ようやく
春《はる》が　すぐそこまで
きていることを
このひざしが　おしえてくれる

ひかりのなかに　すわっていると
時間《じかん》まで
ひなたぼっこをしているみたいに
ゆっくり　うっとり
ながれていく

くぼけいこ

# 恋《こい》したら　黒木　おさむ

黄色《きいろ》い野《の》の花《はな》に　恋《こい》したら
緑《みどり》の野《の》はらにも　恋《こい》してしまって
桜《さくら》 咲《さ》く里山《さとやま》に　恋《こい》したら
深《ふか》い森《もり》の神秘《しんぴ》に　恋《こい》してしまった
気高《けだか》く荘厳《そうごん》な山《やま》に恋《こい》したら
真白《まっしろ》な綿雲《わたぐも》にも　恋《こい》してしまって
真《ま》っ赤《か》な太陽《たいよう》に　恋《こい》したら
青空《あおぞら》の鳥《とり》の歌《うた》に　恋《こい》してしまった

それから　生《い》き物《もの》の生命《いのち》を守《まも》る
新鮮《しんせん》な空気《くうき》を運《はこ》ぶ　風《かぜ》にも
清《きよ》い湧《わ》き水《みず》を運《はこ》ぶ　川《かわ》にも

---

私《わたし》の恋《こい》したものは
世界中《せかいじゅう》の生《い》き物《もの》のためにある
美《うつく》しくて　愛《いと》おしい世界《せかい》

この素晴《すば》らしい世界《せかい》は
だれがつくったのでしょう
この素晴《すば》らしい世界《せかい》は
だれが守《まも》っていくのでしょう

私《わたし》の恋《こい》したこの素晴《すば》らしい世界《せかい》は
私《わたし》を産《う》んで　育《そだ》ててくれた
まんまるい　大《おお》きな生《い》きもの
私《わたし》の恋《こい》した…　碧《あお》い地球《ちきゅう》

くろきおさむ

情熱《じょうねつ》　黒田　勲子

満天《まんてん》の星空《ほしぞら》をみあげ
自分《じぶん》だけの星《ほし》をさがす

輝《かがや》いている好奇心《こうきしん》をつなげ
とびかう小《ちい》さな星《ほし》に
希望《きぼう》をふきこむ

こころのなかで
ぶつかりあうおもいを
時間《じかん》をかけて
育《そだ》ててゆく

ゆめと

希望《きぼう》を
未来《みらい》のむこうに
輝《かがや》かせたい！

くろだいさこ

## 昔《むかし》がたり　小坂　美緒

むかしむかしは軒下《のきした》に
マンモスの牙《きば》のような
それはそれは大《おお》きなつららが
何本《なんぼん》も何本《なんぼん》も連《つら》なっていたそうな

そうして子《こ》どもたちは
夢中《むちゅう》になってマンモスと戦《たたか》い
とても敵《かな》わないと知《し》ると家《いえ》に帰《かえ》り
こたつにもぐっていたそうな

耳《みみ》をすますと聞《き》こえたそうな
静《しず》けさの向《む》こうから
ぽちゃり　ぽちゃり
みぞれ道《みち》に滴《しずく》は垂《た》れて

こうして雪国《ゆきぐに》に
春《はる》はやってきたそうな
今《いま》はマンモスと戦《たたか》う子《こ》どもも
絶滅《ぜつめつ》してしまったそうな

こさかみお

# 一陣《いちじん》の風《かぜ》のように

小菅　征夫

ピリッと　寒《さむ》い朝《あさ》
突然《とつぜん》　目《め》の前《まえ》をよぎるもの
一羽《いちわ》　三羽《さんば》　五羽《ごわ》　七羽《ななわ》……
一群《いちぐん》の小鳥《ことり》たち

メジロ　シジュウカラは
枝《えだ》から枝《えだ》へ　素早《すばや》く飛《と》び交《か》い
コゲラは
ツツーッと　幹《みき》を駆《か》け上《あ》がる
それぞれ　忙《せわ》しく
何《なに》かを啄《ついば》んでいる
芽吹《めぶ》く前《まえ》の庭木《にわき》

梅《うめ》　桃《もも》　栗《くり》　柿《かき》を
次々《つぎつぎ》に　一巡《いちじゅん》すると
一斉《いっせい》に　飛《と》び立《た》った

あたかも　一陣《いちじん》の風《かぜ》が
吹《ふ》き抜《ぬ》けていったような
つかの間《ま》の光景《こうけい》

命《いのち》の躍動《やくどう》を　目《ま》の当《あ》たりにして
私《わたし》の心《こころ》は弾《はず》んだ

こすげいくお

# 夢《ゆめ》を食《た》べて生《い》きる

古都美

あたしは、夢《ゆめ》を食《た》べて生《い》きるのが好《す》き。
夢《ゆめ》という食《た》べ物《もの》は、味《あじ》はないが、味《あじ》わい深《ぶか》くなる。
夢《ゆめ》は、想像力《そうぞうりょく》をかき立《た》て、思《おも》いがけないサプライズを与《あた》えてくれる。
夢《ゆめ》を食《た》べて生《い》きていると、人《ひと》にも、植物《しょくぶつ》にも、虫《むし》や鳥《とり》生《い》き物《もの》に、優《やさ》しくなれる。
目《め》には見《み》えないけれど、夢《ゆめ》を食《た》べれば、夢《ゆめ》が太《ふと》る。
体《からだ》が重《おも》くなることはないけれど、確《たし》かに太《ふと》るのだ。
夢《ゆめ》を食《た》べて生《い》きていると、日々《ひび》が楽《たの》しく、充実《じゅうじつ》する。
夢《ゆめ》という食《た》べ物《もの》は、お金《かね》を払《はら》って、買《か》うこともいらない。
夢《ゆめ》の中《なか》に身《み》を置《お》いて、ときには、宇宙《うちゅう》へ心《こころ》を飛《と》ばす。
心《こころ》が豊《ゆた》かになって、しぜんと穏《おだ》やかになる。
夢《ゆめ》を食《た》べて、大自然《だいしぜん》の中《なか》に身《み》をゆだねてみる。風《かぜ》が木々《きぎ》が、土《つち》が空《そら》が語《かた》りかけてくる。
夢《ゆめ》は、最高《さいこう》の食《た》べ物《もの》だ。

# 忍者《にんじゃ》

斉藤　瑤子

大昔《おおむかし》から偉《えら》い人《ひと》は
忍者《にんじゃ》を使《つか》っていた

ヨーロッパの魔女《まじょ》は
魔法《まほう》を使《つか》って
箒《ほうき》に乗《の》って空《そら》を飛《と》ぶ

忍者《にんじゃ》は魔法《まほう》を使《つか》わない
体《からだ》をきたえて
坂《さか》をかけ上《のぼ》り谷《たに》へかけ下《お》り
堀《ほり》へ入《はい》って水《みず》の中《なか》へもぐる

知恵《ちえ》を使《つか》って
猫《ねこ》の黒目《くろめ》を見《み》て時間《じかん》を知《し》り
うろこ雲《ぐも》の時《とき》は風《かぜ》が吹《ふ》く

一番大事《いちばんだいじ》なことは
「正心《せいしん》」という
忍者《にんじゃ》の本《ほん》に書《か》いてある
正《ただ》しい心《こころ》をもって
どんなことにもくじけない
生《い》きて生《い》きて生《い》きぬくこと

これが一番大切《いちばんたいせつ》な
忍者《にんじゃ》の心得《こころえ》である

※「忍者《にんじゃ》の歴史《れきし》」角川選書《かどかわせんしょ》

さいとうようこ

# ギンリョウソウ　佐伯　道子

雨上《あめあ》がりの林《はやし》の散歩道《さんぽみち》
足《あし》もとにいました
小《ちい》さな白《しろ》い妖精《ようせい》
――あっ、これって
　ギンリョウソウ

写真《しゃしん》で知《し》っていました
ギンリョウソウ
またの名《な》はユウレイタケ
見《み》つけたとき
すぐにわかりました
はじめて出会《であ》ったのに
すぐにわかりました

ギンリョウソウ
ユウレイタケ
どっちの名前《なまえ》がいいですか

どっちでもいいよ
名前《なまえ》があるということは
わたしの存在《そんざい》が
知《し》られているということだもの

白《しろ》い妖精《ようせい》は
雨上《あめあ》がりの林《はやし》のなかで
りんとして
胸《むね》をはっていました

さえきみちこ

# 透明人間《とうめいにんげん》　さかもと　ひでき

泣《な》いてばかりのぼく
「男《おとこ》の子《こ》が泣《な》いてばかりいては
いけない　強《つよ》くなるんだよ
約束《やくそく》しよう」
ぼくを思《おも》いきりハグした
それから泣《な》くことはやめた
悲《かな》しい時《とき》も　辛《つら》い時《とき》も　すがたは
見《み》えなくてもそばにいるって約束《やくそく》
したんだ

ぼくを守《まも》ってくれている
いつも見《み》ている
どんなことが起《お》きても怖《こわ》くない

励《はげ》ましてくれる透明人間《とうめいにんげん》
すぐに飛《と》んできてくれる透明人間《とうめいにんげん》
大好《だいす》きな透明人間《とうめいにんげん》
ぼくのそばには　いつも透明人間《とうめいにんげん》
がいてくれる

ぼくを強《つよ》くしてくれる
たいせつな人《ひと》

さかもとひでき

# まんぞくかぼちゃ　さくらい　けいこ

とうさんの畑《はたけ》にかぼちゃがなった
いろんなかぼちゃが　ごろごろ

きいろ　だいだい　ちゃ　みどり
めぐみの色《いろ》がいっぱい

でっかい　まるい　ながい　ちいさい　みのりの形《かたち》がいっぱい

でこぼこ　ごつごつの
たのしい　かぼちゃ

かぞくは　おいしい
とうさん　うれしい
かぼちゃも　まんぞく

さくらいけいこ

# 石《いし》ころ

佐藤　一志

ふうちゃんは
道《みち》ばたで
あっ　きれいって
小石《こいし》を拾《ひろ》い
手《て》のひらにのせ

ねねね
かあさん見《み》て
と差《さ》しだしている

かあさんは
ほんとにきれいねって
おどろきの目《め》で
見《み》つめている

ふうちゃんと
かあさんの
きれいな瞳《ひとみ》に
見《み》つめられた
道《みち》ばたの石《いし》ころよ

ちいさな
手《て》のひらの上《うえ》で
キラキラ　キラッ
宝石《ほうせき》になってゆく

さとうひとし

# 涙《なみだ》　下花　みどり

ポロポロと頬《ほほ》を伝《つた》う
涙《なみだ》は小《ちい》さな小《ちい》さな水《みず》の粒《つぶ》

悲《かな》しくてどうしようもないとき
うれしくてたまらないとき
感動《かんどう》で胸《むね》がふるえるとき
過《す》ぎゆく時《とき》間の中《なか》で
その一瞬一瞬《いっしゅんいっしゅん》の
鮮《あざ》やかな色《いろ》に輝《かがや》く水《みず》の粒《つぶ》

やがて
水《みず》の粒《つぶ》は心《こころ》の河《かわ》に散《ち》ってゆき
思《おも》い出《で》となってよみがえる

キラキラと永久《とわ》に光《ひか》る
涙《なみだ》は小《ちい》さな小《ちい》さな水《みず》の粒《つぶ》

しもはなみどり

# 空《そら》

白谷　玲花

どこまでが
わたしが見《み》ている
空《そら》でしょうか?
どこからが
あなたの見《み》ている
空《そら》でしょうか?
見上《みあ》げる空《そら》には
白《しろ》い雲《くも》の花《はな》が咲《さ》き
見《み》つめる空《そら》には
白《しろ》い蓮《はす》の花《はな》が咲《さ》くのでしょうか?

「ああ、土《つち》のにおいがします」
「汗《あせ》のにおいもします」

「おいしそうなにおいです」
「母《かあ》さん、今《いま》も、私《わたし》の大好《だいす》きな
モチトウモロコシを作《つく》ってくだ
さっているのですね」

頷《うなず》くように
からりと晴《は》れわたる
空《そら》
微笑《ほほえ》むように
温《あたた》かい光《ひかり》を降《ふ》り注《そそ》ぐ
空《そら》
空《そら》
空《そら》

しらたにれいか

## おばあさん　すぎもと　れいこ

女《おんな》の子《こ》が恋《こい》をして　結婚《けっこん》して
子《こ》どもを産《う》んで　育《そだ》てて
その子《こ》どもが　子《こ》どもを産《う》んで
おばあさんになりました

おばあさんは　これまで
いっぱい笑《わら》いました
いっぱい涙《なみだ》をながしました
いっぱい怒《おこ》りました
いっぱい悩《なや》みました

おばあさんは
つよくなりました

やさしくなりました
涙《なみだ》もろくなりました
巡《めぐ》り合《あ》わせがおもしろくなりました

アメリカのグランマー
フランスのメメール
イギリスのノンナ
ドイツのオーマー
韓国《かんこく》のハルモニ

世界中《せかいじゅう》のおばあさん
「人生《じんせい》にカンパイ」

すぎもとれいこ

## 道《みち》

関根　清子

戻《もど》れない過去《かこ》に
こころ縛《しば》られず
未来《みらい》の自分《じぶん》の生《い》きる道《みち》に
希望《きぼう》を託《たく》し
今《いま》を悔《く》いなく生《い》きたい

道《みち》に迷《まよ》ったら立《た》ち止《ど》まり
ひたむきに生《い》きる
野《の》の草《くさ》の姿《すがた》に
こころを寄《よ》せたい
今日《きょう》より明日《あした》は
少《すこ》しだけ成長《せいちょう》した

---

自分《じぶん》でありますように
本当《ほんとう》に大切《たいせつ》なものを忘《わす》れず
生《い》かされている意味《いみ》を
自分《じぶん》に問《と》いながら
歩《あゆ》み続《つづ》ける道《みち》

いつか、誰《だれ》かが
自分《じぶん》のことを必要《ひつよう》として
くれるかも知《し》れないから

せきねきよこ

## 雪語《ゆきがた》り　せんじ　浪

物語《ものがたり》の終《お》わりのように
白《しろ》い帳《とばり》を降《お》ろしましょう
そっと気《き》づかれないように
後《あと》から後《あと》から降《ふ》りましょう

おしゃべり雀《すずめ》を黙《だま》らせて
泣《な》き虫子猫《むしこねこ》を眠《ねむ》らせて
帰《かえ》り道《みち》も行《ゆ》く道《みち》も
みんな隠《かく》してしまいましょう

やがて静寂《せいじゃく》が鳴《な》り響《ひび》き
夜《よる》の幕《まく》が上《あ》がるころ
白《しろ》く埋《う》もれた闇《やみ》の中《なか》

また物語《ものがたり》を始《はじ》めましょう
うわさ話《ばなし》にしましょうか
打《う》ち明《あ》け話《ばなし》にしましょうか
笑《わら》いますか　泣《な》きますか
誰《だれ》も知《し》らない雪語《ゆきがた》り

# 彼岸花《ひがんばな》の葉《は》はみどり色《いろ》

そがべ　たけひろ

彼岸花《ひがんばな》が咲《さ》き終《お》わった後《あと》
芽《め》が出《で》て
やがて
あぜ道《みち》は
みどり色《いろ》の葉《は》でいっぱいになる

細《ほそ》い葉《は》は
日《ひ》のひかりや
雨《あめ》や風《かぜ》を
たっぷり受《う》けとって
みずみずしく
みどりの色《いろ》は

晩秋《ばんしゅう》の風《かぜ》の中《なか》で
しだいに濃《こ》くなり
来年《らいねん》の花《はな》のために
エネルギーをたくわえる

そがべたけひろ

# 月《つき》　そよ　けいこ

望遠鏡《ぼうえんきょう》でみると
表面《ひょうめん》にはたくさん穴《あな》があった

はるか昔《むかし》
隕石《いんせき》がふりそそいで
月《つき》にもぶつかっていたという

どんなに傷《きず》ついても
月《つき》は
逃《に》げることはできなかった
おだやかな眠《ねむ》り
しあわせな夢《ゆめ》を祈《いの》って
地球《ちきゅう》の夜《よる》を見《み》まもるように…

それが
太陽《たいよう》の願《ねが》いであったから
夜《よる》が来《く》るたびに
変《か》わらずに
月《つき》は光《ひか》りつづけてきた

今夜《こんや》も
わたしの行《ゆ》く手《て》を照《て》らしている
そんな君《きみ》といっしょに歩《ある》くのは
なんて心強《こころづよ》いだろう

そよけいこ

# いい秋《あき》

空野　愛

太陽《たいよう》がほかほか
樹《き》の上《うえ》には真《ま》っ青《さお》な空《そら》
思《おも》いきり深呼吸《しんこきゅう》してみる
高《たか》い青空《あおぞら》　いい秋《あき》だ

足下《あしもと》には山《やま》もりの落葉《おちば》
続《つづ》く続《つづ》く山《やま》もりの落葉《おちば》
カシャ　カシャカシャッ
いい音《おと》だね
足《あし》を高《たか》く上《あ》げて歩《ある》く
パリパリッ　カシャパシャ
パリカシャッ　パリパシャッ
うふふ　いい音《おと》

---

わたしは枯葉《かれは》のミュージシャン
落葉《おちば》の道《みち》は楽《たの》しいね

空《そら》は高《たか》く真《ま》っ青《さお》だ
木《き》の葉《は》は　黄色《きいろ》
黄色《きいろ》　緑《みどり》　茶色《ちゃいろ》
黄色《きいろ》　黄色《きいろ》　茶色《ちゃいろ》
緑《みどり》　赤《あか》　茶色《ちゃいろ》
高《たか》い青空《あおぞら》に染《そ》められた
幸《しあわ》せな色《いろ》　いい秋《あき》だ
わたしは紅葉《こうよう》のアーティスト

そらのあい

## ひだまり　高梁　杏子

空《そら》には雲《くも》ひとつない
　　淡《あわ》いはなだ色《いろ》

ぼくは縁側《えんがわ》のひだまりで
ゆっくり自分《じぶん》の足《あし》の爪《つめ》をつむ

毎日毎日《まいにちまいにち》
　何《なん》ミリずつ伸《の》びているのか
ぼくにはさっぱりわからない
気《き》がつけば　いつのまにか
つんでもいいくらいまでに
　　伸《の》びている

――爪《つめ》は伸《の》びるものだよ
　生《い》きてりゃ伸《の》びるんだよ
　さあ、足《あし》を出《だ》して、出《だ》して

今《いま》は
死《し》んでしまってもういないけど
小《ちい》さい頃《ころ》　パパはよく
いやがるぼくをひざにのせ
ソックスの先《さき》を片手《かたて》でひっぱって
ぬがせ
足《あし》の爪《つめ》をつんでくれていた

ぼくは足《あし》の爪《つめ》を今自分《いまじぶん》でつむ

たかはしももこ

## 五時間目《ごじかんめ》　高原　千代美

ねむい　ねむい
—おい　先生《せんせい》がこちらをみてるぞ
ねてよいのかー
—いえいえ　ねむっていいわけ
ありませんー
—ならねるなー
—わかってはいても　睡魔《すいま》が…ー
—ダメだ　おきろ
先生《せんせい》がこっちに来《く》るぞー
—けど　ねむけに身《み》をまかせる
このここちよさ！
まぶたがくっつくぅー
あらがう思《おも》いが遠《とお》のき…

一瞬《いっしゅん》なのか　少々《しょうしょう》なのか
時《とき》が過《す》ぎ

われにかえると
とりもどした元気《げんき》が
ことなきをえて
またはりきっている

けなげやなぁ

たかはらちよみ

# 何処《どこ》へ　たかひ　きぬこ

カラスが帰《かえ》る　道筋《みちすじ》は
いつも夕暮《ゆうぐ》れ　空高《そらたか》く
カァ　カァ　カァと　鳴《な》きながら
群《む》れをなして　渡《わた》ります

はぐれカラスが　一羽《いちわ》二羽《にわ》
遅《おく》れちゃ大変《たいへん》　大急《おおいそ》ぎ
やっと群《む》れに　追《お》いついた
カラスのお家《うち》は　どこかしら

# たきび　武西　良和

ようち園《えん》のそばの
田《た》んぼの近《ちか》く
赤《あか》い炎《ほのお》が
メラメラ

しばらくして
火《ひ》のいきおいは弱《よわ》まり
炎《ほのお》の間《あいだ》から
煙《けむり》が立《た》ちはじめる

煙《けむり》はぼうけんがすき
近《ちか》くの森《もり》のなかへと入《はい》って

木々《きぎ》の間《あいだ》をうねりながら
グングン進《すす》む
山《やま》の上《うえ》のあの雲《くも》を
友《とも》だちと思《おも》ったのか
ドンドン高《たか》く

それにくらべ炎《ほのお》はこわがり
今《いま》いる場所《ばしょ》から
ちっともはなれられない

「まって。」と言《い》っても
言《い》うことをきかない
炎《ほのお》は煙《けむり》のお母《かあ》さんなのに

たけにしよしかず

# まどろむ

竹原　孝子

誰《だれ》も記憶《きおく》がない
母《はは》の胎《たい》から
生《う》まれ出《で》た　その日《ひ》のことを

張《は》り裂《さ》けんばかりの
産声《うぶごえ》のあと
静《しず》けさの中《なか》で　まどろむ

お口《くち》を　もぐもぐ
眼《め》を開《あ》けようと　しばたき
ちいさな手《て》のひらを　握《にぎ》ってみたり
おならもする

---

誰《だれ》も自分《じぶん》のことは記憶《きおく》にない
まっさらな時間《とき》

たけはらたかこ

# 心《こころ》のともだち勇気《ゆうき》

田中　たみ子

　ぼくの心《こころ》の片《かた》すみに
勇気《ゆうき》ってあるのか
皆《みんな》とやっている事《こと》　面白《おもしろ》い
だけでよいのか後《うし》ろめたくないか
お前《まえ》の本当《ほんとう》の気持《きもち》はそうか
この間《あいだ》まで仲《なか》が好《よ》かったのに
自分《じぶん》がいじられては困《こま》ると
だんだん染《そ》まり　加《くわ》わってしまう
やられる身《み》「ひとりぼっち」
お前《まえ》がそうなったらいやだろ

　彼《かれ》の、ぼくの方《ほう》を見《み》ている目《め》
お前《まえ》に助《たす》けを求《もと》めてる待《ま》ってる

---

お前《まえ》の正義感《せいぎかん》はどこへいった！
メール・ラインの言葉《ことば》無視《むし》せよ
二人《ふたり》で抵抗《ていこう》すれば何《なん》とかなる
二人《ふたり》でがっちり手《て》を組《く》む
　友《とも》を救《すく》うのだ！
　そらっ！今《いま》だ！
勇気《ゆうき》を出《だ》せ大声《おおごえ》で
〝こんないじり　やめよおー〟
ラインにものせる
道《みち》は開《ひら》けるぼくが希望《きぼう》の光《ひかり》を

―ベランダのひまわりも
　朝《あさ》の光《ひかり》でうなずいている

たなかたみこ

# はりやま

たね　ゆきこ

あかりちゃんが
はいっ　とくれた
小《ちい》さな　はりやま
あおぞらに　しろい犬《いぬ》が
おもいきり　バンザイしている
はなも　一《ひと》つ　くっつけて

この　はりやまに
どうして
はりが　刺《さ》せましょう
この　子犬《こいぬ》と　はなに
どうして
ふたを　閉《し》められよう

---

フェルトの
かがりの　一針《ひとはり》抜《ぬ》きが
いっしょうけんめい
あるいたのを
みていると

# 十一面観音《じゅういちめんかんのん》さま　たの　みつこ

青丹《あおに》よし奈良《なら》の都《みやこ》　桜井《さくらい》の地《ち》
聖林寺《しょうりんじ》に
十一面観音《じゅういちめんかんのん》さま　おわします

狭庭《さにわ》には　石《いし》の小《ち》さな観音《かんのん》さま
百日紅《さるすべり》の木《き》の下《した》
風《かぜ》にふかれ　雨《あめ》にうたれ
そのお姿《すがた》は　いとおしく
本堂《ほんどう》には　子安延命地蔵《こやすえんめいじぞう》さま
大《おお》きな白《しろ》いお顔《かお》に
おどろきながらも　ほほえましく
さて　観音《かんのん》さまは

小《ち》さなコンクリートの収蔵庫《しゅうぞうこ》
ガラスケースの中《なか》
囚《とら》われの身《み》のごと　おいたわしく
—わたしを　憐《あわ》れむことはない
しずかなまなざしに
はっと　気《き》づきます
—不遜《ふそん》でございました
そっと　両手《りょうて》をあわせます

黄金《こがね》の稲穂《いなほ》　燃《も》える彼岸花《ひがんばな》
聖林寺《しょうりんじ》に
十一面観音《じゅういちめんかんのん》さま　おわします

たのみつこ

# 心《こころ》は

津川　みゆき

心《こころ》は無限大《むげんだい》
この胸《むね》の内《うち》は
宇宙《うちゅう》よりも　果《は》てなく広《ひろ》がる

悲《かな》しみも怒《いか》りも喜《よろこ》びも
全部《ぜんぶ》
エネルギーにして
何度《なんど》でも起《お》こしてやれ
ビッグバン

その度《たび》
生《う》まれ変《か》われ
新《あたら》しい私《わたし》に

（注《ちゅう》　ビッグバン…宇宙創生《うちゅうそうせい》の大爆発《だいばくはつ》と言《い》われている）

つがわみゆき

# ばあちゃん達《たち》のお花見《はなみ》

柘植　愛子

杖《つえ》をついたり
手押《てお》し車《ぐるま》や乳母車《うばぐるま》で
ばあちゃん達《たち》が
お宮《みや》さんまでお花見《はなみ》だって
ゆっくりゆっくり歩《ある》いてくるよ

花《はな》に負《ま》けない
ピンクや黄色《きいろ》の服《ふく》を着《き》て
しゃべって笑《わら》って止《とま》ってばかり
ほら又止《またとま》ってお茶《ちゃ》を飲《の》んでる

やっと着《つ》いたばあちゃん達《たち》は
満開《まんかい》のさくらの花《はな》の木《き》の下《した》で

すわってしまって
黙《だま》って　黙《だま》って
花《はな》を見上《みあ》げていたよ

つげあいこ

# タスキをつなぐ

土屋　律子

タスキを
受《う》け取《と》ったら
前《まえ》をむいて
新《あたら》しい風景《ふうけい》のなか
スタートする

つないできた
タスキを
心《こころ》のなかで
にぎりしめ
ちからの限《かぎ》り
進《すす》み続《つづ》ける

進《すす》んだ道《みち》の先《さき》には
受《う》け取《と》る人《ひと》が
待《ま》っているから
ただ　ただ
ひたすら
走《はし》り続《つづ》ける

タスキを
わたすまで
一代《いちだい》を
走《はし》り続《つづ》ける

つちやりつこ

## 偶然《ぐうぜん》

常田　メロン

偶然《ぐうぜん》
アリをふんでしまった

ごめんね
私《わたし》の足《あし》は　何《なに》も知《し》らなかったの

でもお尻《しり》を持《も》ち上《あ》げ
生《い》きようとしている
素晴《すば》らしき　気持《きも》ち悪《わる》き　姿《すがた》
とどめは　刺《さ》せない

薄皮《うすかわ》まとうだけの　人間《にんげん》も同《おな》じ
すぐ破《やぶ》れてしまうのに

---

ウロチョロ　ウロチョロ
突然《とつぜん》　交通事故《こうつうじこ》で
消《き》えてしまったりしている

生《い》きるも死《し》ぬも
かけがえのない偶然《ぐうぜん》

つねだめろん

# お天道様《てんとさま》が見《み》てござる

角田　晶生

「お天道様《てんとさま》が見《み》てござる」
人《ひと》が見《み》とらんところでも
必《かなら》ず誰《だれ》か見《み》てござる
いつか必《かなら》ず訪《おとず》れる
よい行《おこな》いには　よい報《むく》い
悪《わる》い行《おこな》いには　悪《わる》い報《むく》いが
いつも爺様《じさま》が言《ゆ》うとった
そんなことなど　あるものか
むかし話《ばなし》じゃあるまいし
「お天道様《てんとさま》など　居《い》るもんか」
そう自分《じぶん》に言《い》い聞《き》かせ
思《おも》いきり空《あ》き缶《かん》を投《な》げ捨《す》てると
やがてため池《いけ》の真《ま》ん中《なか》より
音《おと》もなく波紋《はもん》を広《ひろ》げた
それはおそろしくゆっくりと
ぞわ〳〵岸辺《きしべ》へ伝《つた》わって
足元《あしもと》まで這《は》い上《のぼ》った
「お天道様《てんとさま》など　居《い》るもんか！」
そう自分《じぶん》に言《い》い聞《き》かせ
恐《おそ》ろしさに　とんで帰《かえ》った
お天道様《てんとさま》など　居《い》るわけがない
居《い》てなるものか　居《い》るものか
誰《だれ》もいない　いない筈《はず》だが
「お天道様《てんとさま》が見《み》てござる」
今《いま》も聞《き》こえる　爺様《じさま》の声《こえ》が
それぱっかりを　繰《く》り返《かえ》す

つのだあきお

# 空《そら》　とこ

空《そら》は青《あお》いさ　昔《むかし》から
見上《みあ》げる人《ひと》が　いるかぎり
空《そら》もきっと　人《ひと》が好《す》き

空《そら》は広《ひろ》いさ　昔《むかし》から
どこまでだっていけそうで
自由《じゆう》じゃないのね　人間《にんげん》は

空《そら》は大《おお》きい　昔《むかし》から
大《おお》きさ　そんなに変《か》わってない
変《か》わっているのは　人《ひと》の方《ほう》

空《そら》は生《い》きてる　昔《むかし》から
ずーと　生《い》きていきたいさ
人間《にんげん》だって　同《おな》じはず

とこ

## 十八才《じゅうはっさい》

戸田　たえ子

けい子《こ》さんの
悩《なや》みを知《し》った
暗《くら》い顔《かお》のわけを知《し》った

思《おも》わず
あれこれ
私《わたし》の恥《は》ずかしい
過去《かこ》の失敗《しっぱい》も語《かた》った

もう二人《ふたり》は
この先《さき》ずっと
遠《とお》く離《はな》れても
秘密《ひみつ》を共有《きょうゆう》する

---

## 同志《どうし》

その時《とき》　二人《ふたり》が見《み》ていたのは
瀬戸内《せとうち》の島々《しまじま》が連《つら》なる
穏《おだ》やかで青《あお》い海《うみ》の景色《けしき》

それぞれの
出　発《しゅっぱつ》の朝《あさ》だった

とだたえこ

# サッちゃん　都丸　圭

サッちゃんが道端《みちばた》で　雪《ゆき》まじりの
北風《きたかぜ》にさらされ　うずくまってい
た。サッちゃんは　私《わたし》のところに
毎朝《まいあさ》えさを食《た》べにくる野良《のら》の猫《ねこ》。

あけっぱなしの口《くち》から血《ち》を流《なが》し
目《め》を閉《と》じた弱弱《よわよわ》しい姿《すがた》を見《み》て　私《わたし》
は通《とお》り過《す》ぎた。が　引《ひ》き返《かえ》し　サ
ッちゃんをかかえて家《いえ》に帰《かえ》った。

体中《からだじゅう》の泥《どろ》と血《ち》をふき　ダンボール
に毛布《もうふ》をしき　玄関《げんかん》の前《まえ》に置《お》いた。
水《みず》とえさをやる。サッちゃんは何《なに》
も受《う》け付《つ》けず　箱《はこ》の中《なか》でまるくう
ずくまった。強《つよ》い血《ち》の臭《にお》いがした。

二日目《ふつかめ》　凍《こご》える中《なか》　サッちゃんは
野良《のら》の意地《いじ》を見《み》せようとしたのか。
箱《はこ》の脱出《だっしゅつ》をはかったが　ほんの少《すこ》
し　まわりは血《ち》だらけになった。

三日目《みっかめ》　サッちゃんは　箱《はこ》の中《なか》で
息絶《いきた》えていた。サクラが咲《さ》き始《はじ》め
た日《ひ》だ。サッちゃんが力《ちから》をふり絞《しぼ》
り春《はる》を呼《よ》び　サクラを咲《さ》かせたの
だろうと　私《わたし》は確信《かくしん》した。

とまるけい

# 命《いのち》が　キララ

伴藤　貴子

鯉《こい》が藻《も》のなかで　ちゅぱちゅぱと
口《くち》を大《おお》きくあけ　遊《あそ》んでる
「藻《も》を食《た》べてる」のかな
鉢《はち》に藻《も》を活《い》け　メダカの家《いえ》の完成《かんせい》
だ

藻《も》から　赤《あか》、青《あお》、黒《くろ》　一《いち》ミリの
小海老《こえび》たちが生《う》まれ　泳《およ》ぎはじめ
た
鯉《こい》は「小海老《こえび》を食《た》べていた」
清流《せいりゅう》は　生《い》きものでいっぱい
たんぽぽの綿毛《わたげ》より

すすきの穂《ほ》より小《ちい》さい雪蛍《ゆきほたる》
青《あお》く、白《しろ》く、ふんわりついて来《く》る
空《そら》は　命《いのち》がキララ

この星《ほし》は　命《いのち》がいっぱい
あなたも　わたしも　この星《ほし》の
たいせつな　細胞《さいぼう》のひとかけら
たいせつな　たいせつな
命《いのち》がキララ

注《ちゅう》　雪蛍《ゆきほたる》は冬《ふゆ》に見《み》られるわた虫《むし》のこと
りんごわた虫《むし》、雪虫《ゆきむし》、白《しろ》ばんばなどとも呼《よ》
ばれている

ばんどうたかこ

# ライラック　樋口　てい子

まばゆく光《ひか》る五月《ごがつ》です
小枝《こえだ》にむらがり咲《さ》いている
その名《な》も可愛《かわい》いライラック

おかっぱ頭《あたま》のわたくしに
花《はな》の名前《なまえ》を告《つ》げたのは
まだ若《わか》き日《ひ》の母《はは》でした

まばゆく光《ひか》る五月《ごがつ》です
母《はは》の思《おも》い出《で》まとってる
その名《な》もいとしいライラック

ひぐちていこ

# AI《エーアイ》よ　教《おし》えて

福井　一美

宇宙《うちゅう》の果《は》ては
どんなところ？

月《つき》は　どうして
毎年《まいとし》　少《すこ》しずつ　少《すこ》しずつ
地球《ちきゅう》から　遠去《とおざ》かっていくの？

ニュースでは
教《おし》えてくれない
銀河系《ぎんがけい》の重《おも》さ

けれどね　ほら
今《いま》　また　生《う》まれたよ

---

新《あたら》しい　小《ちい》さな星《ほし》
赤《あか》ちゃん星《ぼし》

遠《とお》くから　とんでくる　命《いのち》の種子《たね》
大《おお》きくなっても
戦争《せんそう》なんか　するんじゃないよ

そうして　この厳《きび》しい大気《たいき》の
ゆりかごの中《なか》で　夢見《ゆめみ》ておいで
ゆらゆら　キャッ　キャッ
キャッ　キャッ　ビ　ビューン！

私《わたし》が　誰《だれ》だか　あててごらん

ふくいかずみ

# ユメパリチカ

福本　恵子

メヤニというものは
せいざにいない
ほしではなかろうか

まぶたつむるとき
そらからながれくる
ほしではなかろうか

なきながら
わらいながら
ねむるもののなかで
よりそい　またたく
ほしではなかろうか

---

アンドロメダや
ペルセウス
そういうなまえ
ないの？

まぶたあけるとき
そらへかえらずに
まなこにいのこった
わたしのまなこにいのこった
たいそうちいさな
ほしよ

ふくもとけいこ

# ひとあし早《はや》く　藤井　かなめ

公園《こうえん》の滑《すべ》り台《だい》やジャングルジムが
取《と》り毀《こわ》されて無《な》くなってしまった
去年《きょねん》の地震《じしん》でひび割《わ》れが入《はい》り
危険《きけん》なため　造《つく》り替《か》えるとのこと

遊《あそ》べなくなって淋《さみ》しいな　と
工事囲《こうじがこ》いの中《なか》を　覗《のぞ》いて見《み》たら
砂場《すなば》には　落《お》ち葉《ば》が吹《ふ》き溜《た》まり
鉄棒《てつぼう》やブランコは
色《いろ》がはげて　錆《さび》がいっぱいだ
子供《こども》らが来《こ》ないので
しょんぼりしているようだ

しばらく過《す》ぎたある日《ひ》
公園《こうえん》の側《そば》を通《とお》りかかってびっくり
囲《かこ》いのすき間《ま》から見《み》えたのは
新《あたら》しくなった滑《すべ》り台《だい》だ
大《おお》きなカーブもついている

ジャングルジムはドーム型《がた》になり
ブランコや鉄棒《てつぼう》たちも
皆《みんな》カラフルになっている

早《はや》く遊《あそ》びたいな
公園《こうえん》には
一足早《ひとあしはや》く　春《はる》が来《き》ている

ふじいかなめ

# また　あした

藤本　美智子

ブランコ　すべり台《だい》　おにごっこ
公園《こうえん》で遊《あそ》んでいるみんなの声《こえ》
かたまりになって
空《そら》へのぼっていく
ワァワァワァワァワァワァー

暗《くら》くなって
だれもいなくなる
ブランコはゆれない
声《こえ》は宇宙《うちゅう》にすいこまれてしまった
また　あした　を
待《ま》っている

ふじもとみちこ

# 一所懸命《いっしょけんめい》

ほさか　としこ

蜜柑《みかん》の枝《えだ》の
葉《は》の上《うえ》に置《お》かれたまん丸《まる》い卵《たまご》から
はい出《だ》してきたのは
黒《くろ》くてぼそぼそ気味《きみ》悪《わる》い生《い》き物《もの》
それはアゲハチョウの幼虫《ようちゅう》です
幼虫《ようちゅう》は蜜柑《みかん》の葉《は》をむしゃむしゃ
朝《あさ》から晩《ばん》までむしゃむしゃむしゃ
ある日《ひ》突然《とつぜん》脱皮《だっぴ》して
つやつやの若葉色《わかばいろ》に変身《へんしん》しました
それから又《また》むしゃむしゃむしゃむしゃ
ただ夢中《むちゅう》で一所懸命《いっしょけんめい》食《た》べ続《つづ》けて
大《おお》きく美《うつく》しくなりました
ようやく満腹《まんぷく》し眠《ねむ》くなったのか

木《き》の枝《えだ》に糸《いと》で体《からだ》を巻《ま》き付《つ》けると
眠《ねむ》りこんでしまいました
—蛹《さなぎ》になったんだ—
そばで見守《みまも》っていたカタツムリは
体《からだ》をのり出《だ》して
背中《せなか》の家《いえ》の安全《あんぜん》をたしかめ
空《そら》もようを見《み》さだめてから
家《いえ》にもぐって眠《ねむ》りにつきました
美《うつく》しいアゲハチョウが
空《そら》に舞《ま》う姿《すがた》を夢見《ゆめみ》ながら

ほさかとしこ

## 不眠症《ふみんしょう》

星野　良一

ぼくは道《みち》を歩《ある》く時《とき》
蟻《あり》のことは考《かんが》えない
からあげを頰張《ほおば》る時《とき》も
鶏《にわとり》のことを考《かんが》えたりしない

ゴキブリが出《で》たら
容赦《ようしゃ》なく殺虫剤《さっちゅうざい》を吹《ふ》きかけ
手足《てあし》に蚊《か》が止《と》まったら
思《おも》いきりぺしゃんこにする

でも　ふと心《こころ》が立《た》ち止《ど》まった時《とき》
人間《ひと》として奪《うば》ってきた命《いのち》を思《おも》う

彼《かれ》らにかける
「ごめんなさい」でも
「ありがとう」でもない言葉《ことば》を
ぼくは探《さが》して眠《ねむ》れなくなる

ほしのりょういち

# 氷《こおり》のおくりもの

ほてはま　みちこ

キャッ　キャッ　キャ
梅雨《つゆ》が　あけたぞ　うれしいな
おサルのお山《やま》に
冷《つめ》たい氷《こおり》の　プレゼント
どこから　かじろか　なめようか

ブラーン　ブラーン
夏《なつ》が　大好《だいす》き　うれしいぞう
ゾウのおりにも
でっかい氷《こおり》の　プレゼント
鼻《はな》で　つまんで　お口《くち》に入《い》れた
ガォー　ガォー　ガォー

水《みず》の中《なか》でも　暑《あつ》いから
ホッキョクグマにも
くだもの入《い》りの　氷《こおり》だよ
あらら　プールの中《なか》に落《お》としたよ

ウヘー　ウヒョー
今日《きょう》の　暑《あつ》さは　たまらない
ヒョウにも　おくれよ
雪山《ゆきやま》みたいな　かき氷《ごおり》
くれなきゃ　ここで吠《ほ》えちゃうぞ

ガォー　ガォー　ガォー

ほてはまみちこ

# 母《はは》

まえだ　としえ

心《こころ》もとなくて　目《め》をとじる
見《み》えない糸《いと》をたぐっていくと
はるか向《む》こうに　ほほえんでいる
母《はは》がいる

母《はは》のうしろは
海《うみ》のような
土《つち》のぬくもりのような
月影《つきかげ》のような
日向《ひなた》のような――

なに
なーんも心配《しんぱい》いらんけんねえ

---

人《ひと》ちゅうもんは
弱《よわ》いようで強《つよ》い
人《ひと》それぞれ　その時代時代《じだいじだい》
一本道《いっぽんみち》を登《のぼ》ったり下《くだ》ったり
先《さき》へ先《さき》へと　歩《あゆ》むもんなんよ
心《こころ》んなかの　奥《おく》の奥《おく》の
かすかなのぞみを　根気《こんき》よう
自分《じぶん》の手《て》で　守《まも》り育《そだ》てながらな

――はいっ　ありがとう！
おかあさん！
私《わたし》のなかの
少女《しょうじょ》の声《こえ》が聞《き》こえてきます

まえだとしえ

# えいゆう　牧山　ののは

なんたるありさま
さんたんたるざま
なんてなげいてる
そこのあなたさま
わたくしひとこと
そっとひとりごと

こくうのうちゅうの
ぎんがのちきゅうに
おりたちはらたち
まんしんそういで
いきてるじてんで
まさにそれだけで

あなたははいしゃに
なることならずに
しあいにまけても
しけんにおちても
あなたはしょうしゃ
はえあるゆうしゃ

まきやまののは

# 知《し》らない町《まち》で

松山　真子

知《し》らない駅《えき》に
ふわっとおりちゃった

はじめてのおつかいみたいに
胸《むね》がどきどきする

駅前《えきまえ》のビルは
洗《あら》いたてのようにぴかぴか

好奇心《こうきしん》が小鳥《ことり》になって
探検《たんけん》していく

わき道一本目《みちいっぽんめ》の二階《にかい》
カレー屋《や》の窓《まど》から見《み》える人《ひと》の群《む》れ

わき道二本目《みちにほんめ》
肉屋《にくや》、花屋《はなや》、和菓子屋《わがしや》、子守歌屋《こもりうたや》

前《まえ》からずっと住《す》んでる顔《かお》で歩《ある》く
すれ違《ちが》う人《ひと》に道《みち》を聞《き》かれた

わたし、小鳥《ことり》になって
おばあさんの歌《うた》う子守歌屋《こもりうたや》へ
旅《たび》の人《ひと》たちを
案内《あんない》してあげちゃった

まつやままこ

# ゆきやなぎ

みはら　たつみ

細《ほそ》い枝《えだ》に　きれいにならんで
かおをのぞかせた　みどりの芽《め》に
とおり雨《あめ》が　かけぬけて
まるい小《ちい》さな雨《あめ》つぶをつけてゆき
キラリ光《ひか》っている

次《つぎ》の日《ひ》
とがっていた芽《め》が　少《すこ》しふくらみ
小《ちい》さなつぼみが　かおをみせた

まだみんなねむっているのに
ひとつだけ
ぱっちり目《め》をさました白《しろ》い花《はな》は

枝《えだ》といっしょに　ゆれている

風《かぜ》が
ひとりぼっちで　さびしかろう
　あしたも　いい天気《てんき》になあれと
そっと　枝《えだ》をゆらし
まだねむっているつぼみを
おこしながら　通《とお》りぬけてゆく

みはらたつみ

満月《まんげつ》

三好　清子

さあ
宴《うたげ》が始《はじ》まる
友《とも》を誘《さそ》ってみないか

共《とも》に囲《かこ》もう
丸《まる》くて大《おお》きな
天《てん》の食卓《しょくたく》

みよしせいこ

# おちついて生《い》きる

桃井　国志

自分《じぶん》のすなおなキモチを
大切《たいせつ》にして
おちついて生《い》きたい
あまりむつかしくしないで
やさしいコトバや文字《もじ》や行動《こうどう》で
ゆっくり　おちついて
たのしんで
自分《じぶん》のやりかたでいい
自分《じぶん》の生《い》きかたでいい
少《すこ》しの勇気《ゆうき》と
今《いま》できることを　一歩《いっぽ》一歩《いっぽ》
ねばりづよく
自分《じぶん》という命《いのち》を育《そだ》てて

おちついて生《い》きる

ももいくにし

# Never《ネバー》　せねば、ねば

もり　みか

納豆《なっとう》が好《す》きです
特《とく》に　あの
ねばねばが

幼《おさな》いころの食卓《しょくたく》は
それはもう　納豆《なっとう》だらけで
おおさわぎ
みんな笑《わら》っていたようです

今《いま》は　私《わたし》
すっかり大《おお》きくなったので
なかなか上手《じょうず》に
食《た》べるけど

がんばりすぎて
せねば、ねばの
見《み》えない糸《いと》に自分《じぶん》から
からまるくせがあるみたい

でも　不思議《ふしぎ》
ねばねばも
せねば、ねばも
あたたかいものにふれると
ほろほろ　やさしく
ほどけていきます

もりみか

# 夢中《むちゅう》に　宙返《ちゅうがえ》り

森木　林

夕陽《ゆうひ》が　しずむ
のではなく
ぼくらは　毎夕《まいゆう》
バック宙《ちゅう》　します
宇宙《そら》に　うかんで
おーい
後方宙返《こうほうちゅうがえ》り

朝陽《あさひ》が　のぼる
のでもなく
ぼくらが　毎朝《まいあさ》
前宙《ぜんちゅう》　します
地球《たま》　蹴《け》って

---

ぽーん
前方宙返《ぜんぽうちゅうがえ》り

いっけ　いっけ　体軸《たいじく》
どぉん　どぉん　バランス

夢中《むちゅう》に　宇宙《うちゅう》で　宙返《ちゅうがえ》り

夢中《むちゅう》に　宇宙《うちゅう》は　宙返《ちゅうがえ》り

もりきりん

# 大《おお》そうじ　山下　美樹

冬休《ふゆやす》みに手伝《てつだ》わされる大《おお》そうじ
わたしは毎年窓《まいとしまど》ふきがかり
外《そと》は寒《さむ》いし手《て》は冷《つめ》たいし
いやになっちゃう

もうすぐ新年《しんねん》だからって
大《おお》そうじする必要《ひつよう》あるのかなぁ
どうせまたすぐ汚《よご》れるのに
めんどくさいったらない

けれどふと見上《みあ》げた
今朝《けさ》のこの空《そら》
掃除機《そうじき》ですいこんだみたいに

雲《くも》ひとつないまっさらな青《あお》
天《てん》の神様一家《かみさまいっか》も大《おお》そうじ？
そんなにきれいにされたらさ
プレッシャーを感《かん》じるよ

「わかりました。やりますよぉ」
小声《こごえ》でつぶやき窓《まど》をみがく
天《てん》の神様《かみさま》、見《み》ているんだったら
来年《らいねん》はうんといい年《とし》にしてよね

やましたみき

# 永遠《とわ》に…

山部　京子

止《と》まらない時間《じかん》が
切《せつ》なく流《なが》れる
想《おも》い出《で》ハラリ…
静《しず》かにこぼして

春風《はるかぜ》の歌《うた》や
夏草《なつくさ》の匂《にお》い
秋空《あきぞら》を染《そ》める
夕日《ゆうひ》の中《なか》にも…

悲《かな》しみに凍《い》てつく
重《おも》い冬《ふゆ》の扉《とびら》も
優《やさ》しくひらく

あの笑顔《えがお》が浮《う》かぶ
闇夜《やみよ》に灯《とも》る
ひとすじの光《ひかり》
あたたかな眼差《まなざ》しは
永遠《とわ》に…永遠《とわ》に…

（母《はは》を偲《しの》んで）

やまべきょうこ

# 孫《まご》

湯川　昌子

初《はじ》めての孫《まご》は、コウノトリが、
置《お》き忘《わす》れていった。
二人目《ふたりめ》の孫《まご》は、コウノトリが、
私達《わたしたち》の元《もと》に連《つ》れて来《き》てくれた。
可愛《かわい》い女《おんな》の子《こ》だ！
コウノトリさん、ありがとう。
孫《まご》は、眼《め》に入《い》れても痛《いた》くない程《ほど》、
可愛《かわい》いと言《い》われているが、眼《め》に、
入《い》れると痛《いた》い！　もののたとえだ
孫《まご》には、無償《むしょう》の愛《あい》だ。
這《は》えば立《た》て、立《た》てば歩《あゆ》めの親心《おやごころ》と
言《い》うが、私《わたし》にとっては婆心《ばばごころ》だ。
孫《まご》が小《ちい》さい頃《ころ》には
海《うみ》に！　川《かわ》に！　山《やま》に遊《あそ》びに
行《い》くと聞《き》くと、決《けっ》して孫《まご》から、
眼《め》を離《はな》すなと忠告《ちゅうこく》する。
うるさい婆心《ばばごころ》であった。
私《わたし》は73才《さい》、色々病気《いろいろびょうき》を持《も》ってる
孫《まご》は、今年中学生《ことしちゅうがくせい》、これから
高校入学《こうこうにゅうがく》！　大学入学《だいがくにゅうがく》！　就職《しゅうしょく》！
結婚《けっこん》、花嫁姿《はなよめすがた》！　ひ孫《まご》が見《み》たい。
ひ孫《まご》の姿《すがた》が見《み》られるまで
私《わたし》は、生《い》きていられるだろうか？
生《い》きたい！　生《い》きていたい！
神様《かみさま》。仏様《ほとけさま》。お願《ねが》いします。
私《わたし》を、100才《さい》まで生《い》かせて下《くだ》さい。

ゆかわまさこ

# むぎぶえが

ゆふ・あきら

あめがあがった　ケヤキのみちを
ひとりであるく
ちいさなはから　こもれびもれて
ぼくのこころも　すきとおる

みどりいろした　きみがひとりで
あるいてくるよ
かみさまくれる　おおきなキセキ
なにもいえない　ぼくになる

みどりのみちが　うたっているよ
とおいむかしに
たしかにきいた　かぜのうただよ

---

さやかなにおい　してくるよ
むぎのはたけで　あせをふきふき
かあさんまつよ
むぎぶえふいて
ぼくのつかれも　ふっとんだ

# ヒヨドリとメジロ　ゆめの

暖《あたた》かな冬晴《ふゆば》れの日《ひ》
山本眼科《やまもとがんか》に行《い》った

待合室《まちあいしつ》の窓越《まどご》しに
キンカンの実《み》が揺《ゆ》れている

まだ熟《じゅく》していない青《あお》い実《み》のそばに
ヒヨドリが寄《よ》ってきた
群《む》れている時《とき》はやかましいのに
まだ食《た》べられないのかなあと
だまって首《くび》を傾《かし》げていた

ヒヨドリが飛《と》び立《た》ったあとには

---

メジロがやって来《き》た
メジロも
まだかなと思《おも》っているようだ
実《み》を傷《きず》つけないように
チョンチョンしてる

ヒヨドリもメジロも
相手《あいて》を気《き》にしながら
交互《こうご》に青《あお》い実《み》に寄《よ》ってくる

いつまでも見《み》ていたかった

ゆめの

# 大地《だいち》は　すごい

吉田　房子

大地《だいち》は　すごい
小《ちい》さな畑《はたけ》に
柿《かき》　桃《もも》　びわ　みかん
キウイ　いちじくなど
季節《きせつ》ごとに
くだものが　どっさりみのる
色々《いろいろ》な花《はな》が　次々《つぎつぎ》に咲《さ》く

大地《だいち》は　すごい
毎日《まいにち》　太陽《たいよう》と向《む》き合《あ》って
大《おお》きなエネルギーを　キャッチ
たくさんの生《い》き物《もの》を　育《そだ》ててる

大地《だいち》は　すごい
ずっと　ずっと　昔《むかし》から
毎年《まいとし》　毎年《まいとし》　休《やす》みなく
地球《ちきゅう》のみんなを　ささえてる
地球《ちきゅう》は　大《おお》きな土《つち》の玉《たま》
みんなで　みんなで
手《て》を組《く》んで
大事《だいじ》にしよう　この大地《だいち》

よしだふさこ

NDC911　子どものための少年詩集編集委員会
神奈川　銀の鈴社
136頁　21cm　（子どものための少年詩集 2020）



子どものための少年詩集 2020

2020年11月22日初版発行
定価：本体 2,400円＋税

編　者——子どものための少年詩集編集委員会©
発行者——柴崎聡・西野真由美
発　行——株式会社 銀の鈴社
〒248-0017　神奈川県鎌倉市佐助1-10-22 佐助庵
電話：0467（61）1930　FAX：0467（61）1931
**https://www.ginsuzu.com**　info@ginsuzu.com
〈創刊1984年「現代少年詩集」編集代表：秋原秀夫〉

ISBN 978-4-86618-108-0 C8092
印刷・電算印刷　製本・渋谷文泉閣
落丁・乱丁本はお取り替え致します

# …ジュニアポエムシリーズ…

1 鈴木敏史詩集　宮下琢郎・絵　星の美しい村 ★☆
2 小池知子詩集　高志孝子・絵　おにわいっぱいぼくのなまえ ★☆
3 鶴岡千代子詩集　武田淑子・絵　白い虹 児文芸新人賞
4 楠木しげお詩集　久保雅勇・絵　カワウソの帽子
5 津坂治男詩集　垣内美穂・絵　大きくなったら ★◇
6 後藤れい子詩集　山本まつ子・絵　あくたれぼうずのかぞえうた
7 北村蔦子詩集　柿本幸造・絵　あかちんらくがき
8 吉田瑞穂詩集　吉田翠・絵　しおまねきと少年 ★⌺◎
9 新川和江詩集　葉祥明・絵　野のまつり ★☆
10 阪田寛夫詩集　織茂恭子・絵　夕方のにおい ★◈☆○
11 高田敏子詩集　若山憲・絵　枯れ葉と星 ★☆
12 原田直友詩集　吉田翠・絵　スイッチョの歌 ★◎
13 小林純一詩集　久保雅勇・絵　茂作じいさん ★◉♪☆◎
14 谷川俊太郎詩集　長新太・絵　地球へのピクニック ★◎◇
15 与田準一詩集　深沢省三・深沢紅子・絵　ゆめみることば ★

16 岸田衿子詩集　中谷千代子・絵　だれもいそがない村
17 江間章子詩集　榊原直美・絵　水と風 ◇◎
18 原田直友詩集　小野まり・絵　虹—村の風景— ★
19 福田正夫詩集　福田達夫・絵　星の輝く海 ★☆
20 草野心平詩集　長野ヒデ子・絵　げんげと蛙 ★☆○◇
21 宮田滋子詩集　青木まさる・絵　手紙のおうち ☆○
22 久保田昭三詩集　斎藤彬子・絵　のはらでさきたい
23 鶴岡千代子詩集　加倉井和夫・武田淑子・絵　白いクジャク ★♪
24 尾上尚子詩集　まど・みちお・絵　そらいろのビー玉 ★☆ 児文協新人賞
25 水上紅詩集　深沢紅子・絵　私のすばる ☆
26 野呂昶詩集　福島一二三・絵　おとのかだん ★
27 こやま峰子詩集　武田淑子・絵　さんかくじょうぎ ☆
28 青戸かいち詩集　駒宮録郎・絵　ぞうの子だって
29 まきたかし詩集　福田達夫・絵　いつか君の花咲くとき ★☆♡
30 薩摩忠詩集　駒宮録郎・絵　まっかな秋 ★☆♡

31 新川和江詩集　福島一二三・絵　ヤァ！ヤナギの木 ★☆○♡
32 井上靖詩集　駒宮録郎・絵　シリア沙漠の少年 ★☆♡
33 古村徹三 詩・絵　笑いの神さま
34 江上波夫詩集　青空風太郎・絵　ミスター人類 ○☆
35 秋原秀夫詩集　鈴木義治・絵　風の記憶 ★◎
36 水村三千夫詩集　武田淑子・絵　鳩を飛ばす
37 久冨純江詩集　渡辺安芸夫・絵　風車 クッキングポエム
38 日野生三詩集　吉野晃希男・絵　雲のスフィンクス ★
39 佐藤雅子詩集　佐藤太清・広瀬きよみ・絵　五月の風 ★
40 小黒恵子詩集　武田淑子・絵　モンキーパズル ★
41 木村信子詩集　山本典子・絵　でていった
42 中野栄子詩集　吉田翠・絵　風のうた ☆
43 宮田滋子詩集　牧村慶子・絵　絵をかく夕日 ★
44 大久保ティ子詩集　渡辺安芸夫・絵　はたけの詩 ★☆
45 秋原秀夫詩集　赤星亮衛・絵　ちいさなともだち ♥

☆日本図書館協会選定（2015年度で終了）　♪日本童謡賞　♧岡山県選定図書　◇岩手県選定図書
★全国学校図書館協議会選定（SLA）　♡日本子どもの本研究会選定　◆京都府選定図書
□少年詩賞　■茨城県すいせん図書　♥秋田県選定図書　⌺芸術選奨文部大臣賞
○厚生省中央児童福祉審議会すいせん図書　♣愛媛県教育会すいせん図書　◉赤い鳥文学賞　◈赤い靴賞

# …ジュニアポエムシリーズ…



✼サトウハチロー賞
☼三木露風賞
♤福井県すいせん図書
▲神奈川県児童福祉審議会推薦優良図書
♠奈良県教育研究会すいせん図書
✥北海道選定図書
◈静岡県すいせん図書
◎学校図書館図書整備協会選定図書(SLBA)
✢毎日童謡賞
✿三越左千夫少年詩賞

## …ジュニアポエムシリーズ…

91 新井　和詩集／高田　三郎・絵　おばあちゃんの手紙 ☆★
92 はなわたえこ詩集／えばとかつこ・絵　みずたまりのへんじ ★♪
93 柏木恵美子詩集／武田　淑子・絵　花のなかの先生 ☆
94 中原千津子詩集／寺内　直美・絵　鳩への手紙 ★
95 髙瀬美代子詩集／小倉　玲子・絵　仲なおり ★
96 杉本深由起詩集／若山　憲・絵　トマトのきぶん ☆★◎ 児文芸新人賞
97 宍倉さとし詩集／守下さおり・絵　海は青いとはかぎらない ♧
98 石井　英行詩集／有賀　忍・絵　おじいちゃんの友だち ■
99 なかのひろ詩集／アサト・シェラ・絵　とうさんのラブレター ☆★
100 小松　静江詩集／藤川　秀之・絵　古自転車のバットマン
101 石原　一輝詩集／加藤　真夢・絵　空になりたい ☆✤★
102 小泉　周二詩集／西　真里子・絵　誕生日の朝 ☆■★
103 くすのきしげのり童謡／わたなべあきお・絵　いちにのさんかんび ☆★
104 成本　和子詩集／小倉　玲子・絵　生まれておいで ☆★✤♡♧
105 伊藤　政弘詩集／小倉　玲子・絵　心のかたちをした化石 ★

106 川崎　洋子詩集／井戸　妙子・絵　ハンカチの木 □★☆
107 柘植　愛子詩集／油野　誠一・絵　はずかしがりやのコジュケイ ✤
108 新谷智恵子詩集／葉　祥明・絵　風をください ☆◈☼♪♡✢
109 金親　尚子詩集／牧　進・絵　あたたかな大地 ☆
110 黒柳　啓子詩集／吉田　翠・絵　父ちゃんの足音 ☆★♡□
111 富田　栄子詩集／油野　誠一・絵　にんじん笛 ♡☆
112 原　国子詩集／高畠　純・絵　ゆうべのうちに ☆△
113 宇部　京子詩集／スズキコージ・絵　よいお天気の日に ○□♪☆◇★
114 武鹿　悦子詩集／牧野　鈴子・絵　お花見 ☆□
115 山本なおこ詩集／梅田　俊作・絵　さりさりと雪の降る日 ☆★
116 小林比呂古詩集／おおた慶文・絵　ねこのみち ☆
117 後藤れい子詩集／渡辺あきお・絵　どろんこアイスクリーム ☆
118 重清　良吉詩集／高田　三郎・絵　草の上 ☆□❁◆★
119 宮中　雲子詩集／西　真里子・絵　どんな音がするでしょか ✲★
120 前山　敬子詩集／若山　憲・絵　のんびりくらげ ☆★

121 川端　律子詩集／若山　憲・絵　地球の星の上で ♡
122 たかはしけいこ詩集／織茂　恭子・絵　とうちゃん ♡❁♣★
123 宮田　滋子詩集／深澤　邦朗・絵　星の家族 ☆♪
124 国沢たまき詩集／唐沢　静・絵　新しい空がある
125 池田あきつ詩集／小倉　玲子・絵　かえるの国 ★
126 黒田　恵子詩集／倉島千賀子・絵　ボクのすきなおばあちゃん ☆★♡
127 垣内　磯子詩集／宮崎　照代・絵　よなかのしまうまバス ☆♡★
128 小泉　周二詩集／佐藤　平八・絵　太陽へ ❁★♪☆♡
129 中島　和子詩集／秋里　信子・絵　青い地球としゃぼんだま ☆★
130 のろさかん詩集／福島一二三・絵　天のたて琴 ☆
131 加藤　丈夫詩集／葉　祥明・絵　ただ今受信中 ☆★
132 北原　悠子詩集／深沢　紅子・絵　あなたがいるから ♡
133 池田もと子詩集／小倉　玲子・絵　おんぷになって ♡
134 鈴木　初江詩集／吉田　翠・絵　はねだしの百合 ★
135 垣内　磯子詩集／今井　俊・絵　かなしいときには ★

△長野県教育委員会すいせん図書　✡㈶日本動物愛護協会推薦図書
◈茨城県推奨図書　●児童ペン賞

## …ジュニアポエムシリーズ…

136 秋葉てる代詩集 やなせたかし・絵 おかしのすきな魔法使い ♪★

137 青戸かいち詩集 永田萠・絵 小さなさようなら ❀★

138 柏木恵美子詩集 高田三郎・絵 雨のシロホン ♡★

139 藤井則行詩集 阿見みどり・絵 春だから ♡★◎

140 黒田勲子詩集 山中冬児・絵 いのちのみちを

141 南郷芳明詩集 的場豊子・絵 花時計

142 やなせたかし 詩・絵 生きているってふしぎだな

143 内田麟太郎詩集 斎藤隆夫・絵 うみがわらっている

144 しまざきふみ詩集 島崎奈緒・絵 こねこのゆめ ♡

145 糸永えつこ詩集 武井武雄・絵 ふしぎの部屋から ♡

146 石坂きみこ詩集 鈴木英二・絵 風の中へ ♡

147 坂本のこ詩集 坂本こう・絵 ぼくの居場所 ♡

148 島村木綿子 詩・絵 森のたまご ❀

149 楠木しげお詩集 わたせせいぞう・絵 まみちゃんのネコ ★

150 牛尾良子詩集 上矢津・絵 おかあさんの気持ち ♡

151 三越左千夫詩集 阿見みどり・絵 せかいでいちばん大きなかがみ ★

152 水村三千夫詩集 高見八重子・絵 月と子ねずみ

153 川越文子詩集 横松桃子・絵 ぼくの一歩ふしぎだね ★

154 すずきゆかり詩集 葉祥明・絵 まっすぐ空へ

155 西田純詩集 葉祥明・絵 木の声水の声

156 清野倭文子詩集 水科舞・絵 ちいさな秘密《ひみつ》

157 川奈静詩集 直江みちる・絵 浜ひるがおはパラボラアンテナ ★◎

158 若木良水詩集 西真里子・絵 光と風の中で

159 牧陽子詩集 渡辺あきお・絵 ねこの詩 ★◎

160 宮田滋子詩集 阿見みどり・絵 愛一輪 ★◎

161 井上灯美子詩集 唐沢静・絵 ことばのくさり ☆♪

162 滝波万理子詩集 滝波裕子・絵 みんな王様《おうさま》 ★♪

163 冨岡みち詩集 関口コオ・絵 かぞえられへんせんぞさん ★

164 垣内磯子詩集 辻恵子・切り絵 緑色のライオン ★◎

165 すぎもとれいこ詩集 平井辰夫・絵 ちょっといいことあったとき ★

166 岡田喜代子詩集 おぐらひろかず・絵 千年の音 ★☆◎

167 川奈静詩集 直江みちる・絵 ひもの屋さんの空 ★◎☆♥♡

168 鶴岡千代子詩集 武田淑子・絵 白い花火 ★☆

169 井上灯美子詩集 唐沢静・絵 ちいさい空をノックノック ★◎☆

170 尾崎杏子詩集 ひなた山すじゅう郎・絵 海辺のほいくえん ☆♡★◎

171 柘植愛子詩集 やなせたかし・絵 たんぽぽ線路 ☆♡★◎♪

172 小林比呂古詩集 うめざわのりお・絵 横須賀スケッチ ☆★◎♡▲

173 林佐知子詩集 串田敦子・絵 きょうという日 ☆★◎♡▲

174 後藤基宗子詩集 岡澤由紀子・絵 風とあくしゅ ☆♥★◎♡

175 土屋律子詩集 高瀬のぶえ・絵 るすばんカレー ☆♡★◎▲

176 三輪アイ子詩集 深沢邦朗・絵 かたぐるましてよ ★☆♡

177 田辺瑞美子詩集 西真里子・絵 地球賛歌 ☆★◎

178 高瀬美代子詩集 小倉玲子・絵 オカリナを吹く少女 ☆♡

179 中野惠子詩集 串田敦子・絵 コロポックルでておいで ★♡☆♪

180 松井節子詩集 阿見みどり・絵 風が遊びにきている ★☆♡▲

## …ジュニアポエムシリーズ…

181 新谷智恵子詩集　徳田徳志芸・絵　とびたいペンギン　佐世保文学賞 ♡★◎▲

182 牛尾良子詩集　牛尾征治・写真　庭のおしゃべり ♡★◎

183 三枝ますみ詩集　髙見八重子・絵　サバンナの子守歌 ☆★

184 佐藤雅子詩集　佐藤太清　菊池治子・絵　空の牧《まき》場《ば》 ☆★♡■◎◈

185 山内弘子詩集　おぐらひろかず・絵　思い出のポケット ♡★♪

186 山内弘子詩集　阿見みどり・絵　花の旅人 ♡★▲

187 原国子詩集　牧野鈴子・絵　小鳥のしらせ ♡★△◎

188 人見敬子詩・絵　方《はこ》舟《ぶね》地球号 —いのちは元気— ♡★◎

189 林佐知子詩集　串田敦子・絵　天にまっすぐ ★☆♡◎

190 小臣富子詩集　渡辺あきお・絵　わんさかわんさかどうぶつさん ✡♡★◎

191 川越文子詩集　かまだちえみ・写真　もうすぐだからね ♡★◎

192 永田喜久男詩集　武田淑子・絵　はんぶんごっこ ☆★◎♡

193 吉田房子詩集　大和田明代・絵　大地はすごい ★◎♡▲

194 石井春香詩集　髙見八重子・絵　人魚の祈り ★♡

195 石原一輝詩集　小倉玲子・絵　雲のひるね ♡

196 たかはしけいこ詩集　髙橋敏彦・絵　そのあと　ひとは ★

197 宮田滋子詩集　おおた慶文・絵　風がふく日のお星さま ★♡◎

198 渡辺恵美子詩集　つるみゆき・絵　空をひとりじめ ★♡♪

199 宮中雲子詩集　西真里子・絵　手と手のうた ★

200 杉本深由起詩集　太田大八・絵　漢字のかんじ ★♡✤

201 井上灯美子詩集　唐沢静・絵　心の窓が目だったら ★♡

202 峰松晶子詩集　おおた慶文・絵　きばなコスモスの道 ★♡

203 高橋文子詩集　山中桃子・絵　八丈太鼓 ★♡

204 長野貴子詩集　武田淑子・絵　星座の散歩 ★♡

205 江口正子詩集　髙見八重子・絵　水の勇気 ♡☆★

206 藤本美智子詩・絵　緑のふんすい ☆♡★

207 林佐知子詩集　串田敦子・絵　春はどどど ♡★◎

208 小関秀夫詩集　阿見みどり・絵　風のほとり ☆♡★▲

209 宗美津子詩集　宗信寛・絵　きたのもりのシマフクロウ ♡★

210 かわてせいぞう詩集　髙橋敏彦・絵　流れのある風景 ☆♡★

211 土屋律子詩集　高瀬のぶえ・絵　ただいまぁ ★♡☆◎▲

212 永田喜久男詩集　武田淑子・絵　かえっておいで ☆♡★

213 みたみちこ詩集　牧進・絵　いのちの色 ♡★

214 糸永えつこ詩集　糸永わかこ・絵　母です　息子です　おかまいなく ♡☆★

215 宮田滋子詩集　武田淑子・絵　さくらが走る ♡☆★♪

216 柏木恵美子詩集　吉野晃希男・絵　ひとりぽっちの子クジラ ♡★◎

217 江口正子詩集　髙見八重子・絵　小さな勇気 ♡☆★

218 井上灯美子詩集　唐沢静・絵　いろのエンゼル ★♡

219 中島あやこ詩集　日向山寿十郎・絵　駅伝競走 ★☆♡

220 高橋孝治詩集　髙見八重子・絵　空の道　心の道 ★♡

221 江口正子詩集　日向山寿十郎・絵　勇気の子 ♡☆★

222 宮田滋子詩集　牧野鈴子・絵　白鳥よ ☆★

223 井上良子詩集　銅版画　太陽の指環 ★

224 川越文子詩集　山中桃子・絵　魔法のことば ♡☆★

225 西本みさこ詩集　上司かのん・絵　いつもいっしょ ☆♡

## …ジュニアポエムシリーズ…

226 おばらいちこ詩集 髙見八重子・絵 ぞうのジャンボ ☆★♡
227 吉田房子詩集 本田あまね・絵 まわしてみたい石臼 ★♡
228 吉田房子詩集 阿見みどり・絵 花詩集 ★♡◎
229 田中たみ子詩集 唐沢静・絵 へこたれんよ ★◎
230 林佐知子詩集 串田敦子・絵 この空につながる ★♡
231 藤本美智子 詩・絵 心のふうせん ★♡
232 火星雅範詩集 西川律子・絵 ささぶねうかべたよ ★♡▲
233 吉田房子詩集 岸田歌子・絵 ゆりかごのうた ★♡
234 むらかみみちこ詩集 むらかみみちこ・むらかみあくる・絵 風のゆうびんやさん ★♡
235 白谷玲花詩集 阿見みどり・絵 柳川白秋めぐりの詩 ★♡
236 ほさかとしこ詩集 内山つとむ・絵 神さまと小鳥 ★☆♡
237 内田麟太郎詩集 長野ヒデ子・絵 まぜごはん ☆★◎♡▲
238 小林比呂古詩集 出口雄大・絵 きりりと一直線 ♡★
239 牛尾良子詩集 おぐらひろかず・絵 うしの土鈴とうさぎの土鈴 ★◎♡
240 山本純子詩集 ルイコ・絵 ふふふ ★♡☆◎

241 神田亮 詩・絵 天使の翼 ★☆♡
242 かんざわみえ詩集 阿見みどり・絵 子供の心大人の心さ迷いながら ☆★◎▲
243 永田喜久男詩集 内山つとむ・絵 つながっていく ★☆♡
244 浜野木碧 詩・絵 海原散歩 ☆★◎♡
245 やまうち・しゅうへい詩集 山本省三・絵 風のおくりもの ☆★◎♡
246 すぎもとれいこ 詩・絵 てんきになあれ ★◎
247 冨岡みち詩集 加藤真夢・絵 地球は家族 ひとつだよ ♡☆◎★
248 北野千賀詩集 滝波裕子・絵 花束のように ♡☆★◎
249 石原一輝詩集 加藤真夢・絵 ぼくらのうた ♡★◎
250 土屋律子詩集 高瀬のぶえ・絵 まほうのくつ ♡☆★◎▲
251 津坂治男詩集 井上良子・絵 白い太陽 ☆♡★◎
252 石井英行詩集 よしだちなつ・表紙絵 野原くん ☆★♡◎▲
253 井上灯美子詩集 唐沢静・絵 たからもの ☆♡★
254 大竹典子詩集 加藤真夢・絵 おたんじょう ☆★
255 たかはしけいこ詩集 織茂恭子・絵 流れ星 ★♡

256 谷川俊太郎詩集 下田昌克・絵 そして ♡★◎
257 なんば・みちこ詩集 布下満・絵 トックントックン大空で大地で ★◎
258 宮本美智子詩集 阿見みどり・絵 夢の中にそっと ★◎♡
259 成本和子詩集 阿見みどり・絵 天使の梯子 ★◎
260 海野文音詩集 牧野鈴子・絵 ナンドデモ ★♡
261 熊谷本郷詩集 永田萠・絵 かあさん かあさん ★♡
262 大楠翠詩集 吉野晃希男・絵 おにいちゃんの紙飛行機 ★♡♪
263 久保恵子詩集 たかせちなつ・絵 わたしの心は 風に舞う ★♡
264 みずかみさやか詩集 葉祥明・絵 五月の空のように ★♡
265 尾崎昭代詩集 中辻アヤ子・絵 たんぽぽの日 ★
266 はやしゆみ詩集 渡辺あきお・絵 わたしはきっと小鳥 ★
267 田沢節子詩集 永田萠・絵 わき水ぷっくん △★♡
268 柘植愛子詩集 そねはらまさえ・絵 赤いながぐつ ★♡
269 馬場与志子詩集 日向山寿十郎・絵 ジャンケンポンでかくれんぼ ♡★
270 内田麟太郎詩集 高畠純・絵 たぬきのたまご ★●♡

## …ジュニアポエムシリーズ…

271 むらかみみちこ 詩・絵　家族のアルバム ★♡
272 井上和子詩集　吉田瑠美・絵　風のあかちゃん ★♡
273 佐藤一志詩集　日向山寿十郎・絵　自然の不思議 ♡★
274 小沢千恵 詩・絵　やわらかな地球 ♡★
275 あべこうぞう詩集　大谷さなえ・絵　生きているしるし ♡★
276 宮田滋子詩集　田中槇子・絵　チューリップのこもりうた ★♡
277 林佐知子詩集　葉祥明・絵　空の日 ★♡
278 いしがいようこ 詩・絵　ゆれる悲しみ ★♡
279 村瀬保子詩集　武田淑子・絵　すきとおる朝 ♡★
280 あわのゆりこ詩集　高畠純・絵　まねっこ ★♡
281 川越文子詩集　福田岩緒・絵　赤い車 ★♡
282 白石はるみ詩集　かないゆみこ・絵　エリーゼのために ★♡
283 尾崎杏子詩集　日向山寿十郎・絵　ぼくの北極星 ♡★
284 壱岐梢詩集　葉祥明・絵　ここに ★
285 野口正路詩集　山手正彦・絵　光って生きている ★◎
286 樋口てい子詩集　串田敦子・絵　ハネをもったコトバ ★◎
287 火星雅範詩集　西川律子・絵　ささぶねにのったよ
288 大楠翠詩集　吉野晃希男・絵　はてなとびっくり ★◎✿
289 大澤清詩集　阿見みどり・絵　組曲 いかに生きるか ★
290 たかはしけいこ詩集　織茂恭子・絵　いっしょ ★♡
291 内田麟太郎詩集　大野八生・絵　なまこのぽんぽん ★
292 はやしゆみ詩集　はなてる・絵　こころの小鳥 ♡★
293 いしがいようこ 詩・絵　あ・そ・ぼ！ ★♡
294 帆草とうか 詩・絵　空をしかくく 切りとって ★♡
295 土屋律子詩集　吉野晃希男・絵　コピーロボット ★♡
296 川上佐貴子詩集　はなてる・絵　アジアのかけ橋
297 西沢杏子詩集　東逸子・絵　さくら貝とプリズム
298 鈴木初江詩集　小倉玲子・絵　めぐりめぐる水のうた

＊刊行の順番はシリーズ番号と異なる場合があります。

ジュニアポエムシリーズは、子どもにもわかる言葉で真実の世界をうたう個人詩集のシリーズです。

本シリーズからは、毎回多くの作品が教科書等の掲載詩に選ばれており、1974年以来、全国の小・中学校の図書館や公共図書館等で、長く、広く、読み継がれています。

心を育むポエムの世界。

一人でも多くの子どもや大人に豊かなポエムの世界が届くよう、ジュニアポエムシリーズはこれからも小さな灯をともし続けて参ります。

## 銀の小箱シリーズ　A5変型

- 葉 祥明 詩・絵　小さな庭
- 若山 憲 詩・絵　白い煙突
- こばやしひろこ・詩 うめざわのりお・絵　みんななかよし
- 江口 正子・詩 油野 誠一・絵　みてみたい
- やなせたかし 詩・絵　あこがれよなかよくしよう
- 冨岡 みち・詩 関口 コオ・絵　ないしょやで
- 小林比呂古・詩 神谷 健雄・絵　花かたみ
- 小泉 周二・詩 辻 友紀子・絵　誕生日・おめでとう
- 柏原 耿子・詩 阿見みどり・絵　アハハ・ウフフ・オホホ★♡▲
- こばやしひろこ・詩 うめざわのりお・絵　ジャムパンみたいなお月さま★▲

## すずのねえほん　B6判

- たかはしけいこ・詩 中釜浩一郎・絵　わたし★◎
- 尾上 尚子・詩 小倉 玲子・絵　ぽわぽわん
- 糸永えつこ・詩 高見八重子・絵　はるなつあきふゆもうひとつ★ 児文芸新人賞
- 山口 敦子・詩 高橋 宏幸・絵　ばあばとあそぼう
- あらい・まさはる・童謡 しのはらはれみ・絵　けさいちばんのおはようさん
- 佐藤 雅子・詩 佐藤 太清・絵　こもりうたのように♪ 美しい日本の12ヵ月 日本童謡賞
- 柏木 隆雄・詩 やなせたかし他・絵　かんさつ日記★♡

## アンソロジー　A5判

- 渡辺 浦人・編 村上 保・絵　赤い鳥 青い鳥
- わたげの会・編 渡辺あきお・絵　花ひらく♪
- 木曜会・編 西 真里子・絵　いまも星はでている★
- 木曜会・編 西 真里子・絵　いったりきたり♡
- 木曜会・編 西 真里子・絵　宇宙からのメッセージ
- 木曜会・編 西 真里子・絵　地球のキャッチボール★◎
- 木曜会・編 西 真里子・絵　おにぎりとんがった☆★◎
- 木曜会・編 西 真里子・絵　みぃーつけた♡★◎
- 木曜会・編 西 真里子・絵　ドキドキがとまらない
- 木曜会・編 西 真里子・絵　神さまのお通り★
- 木曜会・編 西 真里子・絵　公園の日だまりで★♡
- 木曜会・編 西 真里子・絵　ねこがのびをする♡★

## 掌の本 アンソロジー　A7判

- こころの詩 I
- しぜんの詩 I
- いのちの詩 I
- ありがとうの詩 I
- 詩集 希望
- 詩集 家族
- いのちの詩集―いきものと野菜
- ことばの詩集―方言と手紙
- 詩集―夢・おめでとう
- 詩集―ふるさと・旅立ち

新企画　オールカラー・A6判

## 小さな詩の絵本

内田麟太郎・詩
たかすかずみ・絵
いっしょに

文庫サイズ・A6判

## 銀の鈴文庫

小沢　千恵・詩
下田　昌克・絵
あのこ♡

新企画　A7判

## 掌の本

森埜こみち・詩
下田　昌克・絵
こんなときは！